LES CHIFFONS BLEUS

BAKY MEÏTÉ

LES CHIFFONS BLEUS

ÉDITIONS DU SEUIL
*57, rue Gaston-Tessier, Paris XIXe*

ISBN 978-2-02-147198-4

www.seuil.com

Plier, ne pas déplier

Doukara a insisté. Pas plus de deux pressions sur le bouton-poussoir… « Sinon tu vas te retrouver avec de la mousse plein ton seau. » Alors, j'appuie deux fois et le Surfanios gicle du bidon pour se diluer instantanément dans l'eau brûlante que je viens de verser. Le liquide se colore, quelques bulles savonneuses apparaissent à la surface.

Doukara est mon formateur. Comme la plupart des pédagogues, il a souvent raison !

Que je mette trop de produit nettoyant et l'eau se nappera de tant d'écume qu'une fois essorés mes chiffons recouvriront d'un léger voilage les surfaces qu'ils sont censés nettoyer.

Mes chiffons ! Une quarantaine de bouts de tissu que je vais apprendre à utiliser chaque jour et qui deviendront, au fil du temps, comme le prolongement de ma main. Six heures durant, dans ce qui sera mon quotidien pendant quelques semaines.

Un choix, une envie, qui se transformeront en une implacable routine, jamais en asservissement.

Le matin, à peine arrivé, mon premier boulot consiste à sortir ces fameux chiffons du sèche-linge dans lequel Bloum, mon alter ego de l'après-midi, les a fourrés la veille après les avoir lavés. Ils sont secs, entassés dans un filet, sans doute pour qu'ils ne s'éparpillent pas. Je peux alors renverser le tout sur une paillasse et entreprendre de plier chaque morceau de tissu. En quatre. D'un carré, je fais un rectangle, puis – merci les cours de géométrie de 5e –, de ce rectangle je fais un second carré, quatre fois plus petit que l'originel.

Rapidement, le chiffon ne me plaira qu'ainsi rabattu. Déplié, je ne lui trouvais ni consistance ni charme. Je vais donc prendre un soin particulier à ce travail, comme si je voulais ignorer que mes torchons synthétiques – viscose, polyester, polypropylène – allaient finir leur course sales et dénués d'élégance.

Des collègues qui viennent remplir leurs seaux me regardent souvent avec un air ahuri. Mais que fait-il, et pourquoi ?

Pour moi, il est hors de question de déplier mes chiffons pour frotter ce qui va être l'objet de toutes mes attentions. Une fois la besogne effectuée, je plonge chaque linge – des bleus, beaucoup, des rouges et des verts, un peu, des jaunes, plus rares – dans l'eau frémissante du seau. La chaleur est telle qu'elle se ressent à travers le latex de mes gants. L'objectif est simple, je dois empiler mes petits carrés sans que rien ne déborde. Appuyer sur chacun pour bien l'enfoncer alors que, imbibé, il se gonfle et modifie le volume du liquide !

La température de l'eau sera le marqueur de mon labeur, elle rythmera mes matinées. À la fin de mon service, elle doit être tiède. Signe que j'ai tenu la cadence, ni trop lente ni trop rapide. Je pourrai alors déposer mes chiffons sales dans la machine à laver, vider et rincer mon seau, tandis que plane encore l'odeur si particulière du détergent.

Elle remplace celle du café filtre qui, dans l'hôpital, flotte partout. Pourtant, la composante chimique du produit ne m'a jamais gêné, je la trouvais même plutôt agréable. Je suppose qu'un bataillon de chercheurs avait planché nuit et jour pour synthétiser une fragrance qui n'indisposerait aucune femme de ménage de France et de Navarre…

Ni aucun homme de ménage, car c'est bel et bien la fonction que j'ai occupée, entre mars et mai 2020, en pleine pandémie.

Parce qu'un jour de printemps, oubliant le rugby qui jusqu'à présent structurait mon existence, je suis arrivé à l'hôpital Sainte-Périne, établissement spécialisé dans les pathologies du grand âge, situé dans le XVIe arrondissement de Paris. Pour lutter contre une saleté de virus qui m'interdisait de retourner chez moi, dans le Sud, et pour aider à ma manière ceux que le Covid, silencieux et mortel, menaçait, fragilisait, frappait. Et parfois emportait.

J'y voyais un défi personnel, en même temps que j'entamais une bataille. Animé par cet esprit de compétition qui ne m'a jamais quitté – issu de l'enfance et des rivalités fraternelles, des concours de lavage de vaisselle et du « premier arrivé à la course » –, j'avais sans doute aussi envie, ou besoin, de me prouver que je pouvais me donner à fond pour une cause, sans ambitions cachées ni savants calculs.

Pendant des semaines, j'ai donc fourbi mes armes, préparé mon arsenal, je me suis retrouvé prêt à en découdre, en guerre contre un mal inconnu. Chaque jour, boutons d'ascenseur, poignées de porte, rampes d'escalier et extincteurs sont devenus mes proies et mes trophées. Ils pouvaient commencer à trembler. Muni de mon seau, d'un filet, d'un sac-poubelle, mains gantées et visage masqué, je montais à l'assaut des germes et virus qui entendaient faire vaciller le monde, allant, infâmes et fourbes, se nicher dans les plus insignifiants interstices.

Connaîtrai-je travail plus infiniment aseptisé, tâche moins intéressante ? Je l'ignore. Je devins simple nettoyeur de l'infime, homme désormais invisible ou presque, militant de cette discrète armée des ombres dont la principale fonction était de ne laisser aucune trace de son ouvrage.

Deux pressions sur le bouton-poussoir, pas plus.

Retour de vacances

C'est au Brésil, à São Paulo, que j'avais suivi le discours télévisé d'Emmanuel Macron à la nation. Une prise de parole un peu tardive, jugeront certains… Nous sommes le 12 mars 2020, cela fait dix jours que j'ai traversé l'Atlantique, avec Bounette. Bounette est une amie de vingt ans, nous avions fréquenté ensemble le lycée Honoré-de-Balzac, avant que les orientations secondaires nous séparent. Elle est devenue responsable de la sécurité informatique au sein de certaines administrations publiques tandis que moi, j'ai suivi la voie du sport professionnel. Quand je lui avais proposé de m'accompagner à São Paulo pour des vacances inopinées, elle avait accepté avant même que je finisse ma phrase. Après un séjour en Jamaïque il y a quelques années, le Brésil est notre deuxième voyage en commun, même si, atteinte d'une forme de bougeotte perpétuelle, Bounette roule sa bosse d'un bout à l'autre de la planète comme moi je fais les courses !

Bien que nos proches aient tenté de nous en dissuader, nous avions profité de l'arrêt des compétitions sportives et des matchs de rugby que je dispute toutes les semaines pour nous échapper. Comme s'il fallait à tout prix mettre une distance raisonnable avec la frénésie naissante, liée à une pandémie qui commençait à faire trembler le monde ; comme pour oublier le dégorgement médiatique.

Dans la mégalopole brésilienne, nous avions retrouvé Heverton et Abel, de vieilles connaissances chez qui j'avais déjà vécu six ans auparavant, à l'occasion de mon premier voyage à São Paulo. Quant à notre première rencontre, c'était lors d'un festival de musique organisé à Paris. Heverton et Abel faisaient partie de la très prestigieuse école de samba Vaï Vaï et leur groupe, Moleque de Rua, avait connu un joli succès. Nous nous étions alors promis de nous revoir.

Ce 12 mars, il est à peu près 16 heures et je suis en pleine digestion. La *picanha* et la feijoada de Beth, la femme d'Abel, me font doucement sombrer vers une sieste aux agréables promesses. Un dernier coup d'œil sur le portable et l'impression manifeste qu'il se passe quelque chose en France. Des stories commencent à fleurir sur les réseaux sociaux avec, notamment, des photos de téléviseurs… et la tête de notre président.

Je demande à Abel s'il a les chaînes françaises.

– Non Hancock, désolé mon frère, répond-il.

Hancock c'est mon surnom ici. Pour une supposée ressemblance avec Will Smith, l'acteur du film.

– On pourrait peut-être le voir en direct sur YouTube ? a proposé Bounette.

En même temps que retentissent les premières notes de l'hymne national, je me surprends à fredonner *La Marseillaise*. Jusqu'à ce que le président apparaisse sur l'écran. Ton martial, regard pénétré, « Françaises, Français, mes chers compatriotes, Depuis quelques semaines, notre pays fait face à la propagation d'un virus, le Covid-19… » L'éloignement géographique n'y fait rien, l'heure paraît si grave que l'élu du peuple semble me regarder au fond des yeux, en même temps qu'il s'adresse à chacun d'entre nous. Comme s'il parvenait à s'immiscer dans cette bulle brésilienne que je me suis créée pour échapper à la pression anxiogène qui commençait à régner en France.

Bounette et moi restons suspendus à ses lèvres, tandis qu'en simultané j'échange sur WhatsApp avec Nokessa, une de mes sœurs, qui suit l'événement depuis Paris.

« Nous sommes en guerre. » À six reprises, Emmanuel Macron martèle l'affirmation. En guerre contre un virus invisible. Qui est en train de s'attaquer à la France et a même réussi le tour de force de repousser le second tour des élections municipales. C'est un bon indicateur.

Les messages de ma sœur inondent l'écran de mon téléphone, jusqu'à ce que s'affiche cette injonction : « Appelle TA mère. Ça y est, elle voit arriver la fin du monde ! »

* * *

La fin du monde, pour ma mère !

Je l'imagine devant sa télé, les yeux plissés derrière les lunettes, pour essayer de mieux voir le président. Elle doit en même temps être au téléphone avec Mazié, sa meilleure amie, essayant de traduire, l'une comme l'autre, des mots qu'elles n'ont pas forcément compris. Originaires de Côte d'Ivoire, elles se sont rencontrées ici en France à la fin des années 1970 et sont devenues inséparables.

La fidélité est l'un des traits de caractère de ma mère. Fidèle à ses amies, fidèle à ses employeurs… « Ma » est restée la femme de ménage de Mme Strich vingt-cinq ans durant, pendant lesquels elle passa du statut de travailleuse « au noir » à celui d'employée modèle. Un quart de siècle de bons et loyaux services. Même quand elle fut embauchée par une entreprise de nettoyage pour lustrer les bureaux flambant neufs d'une tour de la Défense, ma mère refusa de lâcher Mme Strich. Un choix qui la contraignit à des horaires démentiels, victime de plannings élastiques et de transhumances longues et incessantes entre sa maison et ses multiples lieux de travail.

Au début des années 2000, nous avions quitté le XVIIe arrondissement et la rue Lantiez où nous habitions pour nous installer dans le XVIIIe, près de la porte Montmartre, au nord de la capitale. Délaissant un immeuble de quatre étages, dans le plus pur style parisien, pour une tour HLM de treize niveaux, son ascenseur toujours en panne et ses odeurs de pisse.

Désormais retraitée, « Ma » y vit seule depuis que ma petite sœur Fationta a quitté le cocon familial il y a trois ans. Et peut maintenant se consacrer à son activité favorite, le téléphone. Elle y passe un temps fou. Avec Mazié, avec sa sœur en Côte d'Ivoire, avec ses copines de la mosquée… Si parfois je me demande d'où provient mon addiction aux réseaux divers, la réponse jaillit, assez limpide, je tiens cela de celle qui m'a donné la vie…

Ce jour d'allocution présidentielle en tout cas, je n'hésite pas longtemps avant de l'appeler. Je sens monter l'attaque de panique…

– Allô ? Bonsoir Ma.

– Fils, tu dois rentrer. Les frontières vont être fermées.

– Pour les étrangers, Ma. Pas pour les Français.

– C'est dangereux. La situation est grave. Toi, tu ne l'as pas vu Macron. Il était trop triste.

– Si Ma, je l'ai vu à la télé ici…

– Ah tu vois ! Si jusqu'au Brésil ils l'ont montré, c'est que c'est très grave.

Je n'estime pas nécessaire de lui expliquer que j'ai suivi Emmanuel Macron en direct sur la chaîne YouTube de l'Élysée.

– Ne t'inquiète pas, Ma. Nous sommes en sécurité ici. De toute façon, je rentre samedi comme prévu.

Elle s'est tue pendant un long moment. « Ma » n'a jamais apprécié que je lui tienne tête, le geste est trop rare pour qu'elle ne s'en offusque pas. Après un long silence, elle m'a soufflé, masquant tant bien que mal son agacement et ses tourments : « Va sous la protection d'Allah, mon fils », puis elle a raccroché.

* * *

L'intervention présidentielle terminée, Bounette et moi avons résumé la situation à nos hôtes. Les chiffres alarmants du nombre de morts par tranche de vingt-quatre heures suscitèrent leur effroi. Rien d'étonnant parce qu'à cette date le Brésil venait seulement de connaître son premier décès « officiel » lié au Covid. Dans un contexte assez particulier : depuis le 1er janvier 2019, Jair Bolsonaro préside aux destinées du gigantesque pays sud-américain. Et, en homme de droite extrême, sûr de sa puissance et de sa force, il prétend que cette pandémie n'est rien d'autre qu'une grippette. Pire encore, il exhorte sa population, et plus particulièrement ses partisans, à reprendre une vie normale et à ne pas se laisser gagner par ce qu'il considère comme une hystérie rampante.

De mon côté, si le discours d'Emmanuel Macron m'a atteint plus que je ne veux l'admettre, il est hors de question de le laisser transparaître. Il me reste quelques jours de congé et personne ne doit se rendre compte que je suis soudain tenaillé par la peur. Pour ma mère surtout, si seule dans son appartement. L'idée qu'elle puisse se retrouver en réanimation, alors que je prends du bon temps à presque neuf mille kilomètres de distance, se répand comme une coulée insidieuse dans les méandres de mon esprit.

La situation mondiale modifie en tout cas la fin de notre séjour. Écoles fermées, rideaux baissés, seuls les supermarchés et les restaurants restent ouverts. Le temps nous paraît alors bien long, et nos dernières journées de vacances se limitent à des balades dans la favela escarpée de Santa Catarina, située juste au-dessus du minuscule appartement où nous logeons.

Bounette et moi sommes même heureux de monter enfin dans l'avion du retour.

Le lundi 23 mars, à notre arrivée à l'aéroport Charles-de-Gaulle, je ne sais donc absolument pas à quoi m'attendre. J'appréhende une mise en quarantaine. Ou au moins une quatorzaine. Mais rien de tout cela. Pas même une prise de température… La seule chose qui tranche avec l'activité classique de l'aéroport est l'affluence, ou plutôt son absence : CDG est désert. Si vide même que c'en est inquiétant.

Le confinement a été promulgué. Interdiction de se déplacer, plus de train pour redescendre chez moi, à Carcassonne.

Nous l'ignorions tous mais il allait falloir prendre notre mal en patience. Ma femme, enceinte, ma fille et moi n'étions pas près de nous embrasser de nouveau.

Nokessa, « Nok », ma sœur, s'était proposé de m'héberger, chez elle, cité Floréal, à Saint-Denis, dans le 93.

Quarante-huit heures plus tard, le temps de me remettre du décalage horaire, je me retrouvais à l'hôpital Sainte-Périne.

Prêt à entamer une étrange aventure dont je ne pouvais guère imaginer ce qu'elle m'apporterait.

Il aura suffi d'un coup de téléphone, d'une conversation surprise entre ma sœur et son beau-frère pour que tout bascule. Il appelait pour demander à Nok si elle ne connaissait pas quelqu'un qui accepterait de venir faire le ménage à l'hôpital où il travaillait… Une fois l'échange terminé, ma sœur a d'abord demandé à Zakarya, son fils de 18 ans, si cela l'intéressait. Sa réponse fut si rapide et positive que sa mère en fut surprise.

J'en ai alors profité pour dire que, moi aussi, s'il y avait une place disponible, j'aimerais me rendre utile.

La décision est de celles que l'on prend instinctivement. Sans aucune justification, juste avec ce léger sentiment de griserie que procure l'inattendu, ou ce besoin soudain de participer à un effort collectif. J'ai senti qu'il fallait que je me bouge. Je laisse à d'autres le soin de confirmer si cela fait partie de mon tempérament, ou si je n'ai été guidé que par mon altruisme et cet engagement citoyen que l'on me prête. Je ne le nierai pas mais j'ajouterai juste qu'il faut savoir saisir les opportunités qui se présentent à nous. Quelles qu'elles soient.

Jamais, de moi-même, je ne me serais rendu sur le site de Pôle emploi pour consulter les offres à la rubrique

« Agent d'entretien ». J'aurais fait comme tout le monde, j'aurais passé des heures devant mon smartphone. Succombant à la virtualité des réseaux sociaux, basculant dans ces mondes aux noms étranges, Insta, TikTok…

Et puis là, cette proposition soudaine. Je ne pouvais la refuser.

Passer le portail

4 h 50. L'alarme de l'iPhone me sort de ma torpeur. En me retournant, le couinement du sommier métallique me rappelle que je ne suis pas dans mon lit. Comme si le bruit était un appel, j'entends un craquement au-dessus de moi. Mon neveu Zakarya, Zaky pour ses proches, est allongé dans la partie supérieure de son lit superposé dont il a accepté de me laisser le bas.

Ce lit, je le trouve bien étroit, et je crains qu'il ne cède : je mesure un peu moins de deux mètres, pour une centaine de kilos.

Mes ablutions faites, j'attends l'adhan, l'appel de 5 h 5, pour faire mes dévotions de Fajr. C'est la prière de l'aube, la première des cinq célébrations quotidiennes du musulman.

Les génuflexions réveillent une douleur qui ne cesse pas : il y a trois semaines, avant la déclaration de confinement, je me suis fait une entorse à la jambe gauche, au niveau du genou, pendant le match qui opposait mon équipe, Carcassonne, à Aurillac. Une défaite affreuse dans des conditions météorologiques exécrables. Tel le capitaine qui abandonne ses troupes parce qu'il ne peut plus mener l'assaut, j'avais dû sortir sur blessure.

Depuis, je n'ai plus touché un ballon ovale. Alors que je me reposais au Brésil, la crise du Covid avait amené les dirigeants du sport français à prendre des mesures sans précédent. Les deux divisions de l'élite du rugby professionnel, le Top 14 et la Pro D2, dans laquelle je traînais mes guêtres, avaient été mises sur pause, les compétitions arrêtées. Pour une durée que nul n'était capable de déterminer.

J'en avais profité pour ménager mon genou. Mais le rugby me manquait.

La prière faite, j'avale deux carrés de chocolat noir, puis je remplis l'attestation de déplacement – nom, prénom, adresse – et coche la case « Déplacement professionnel ».

Ça se précise.

Il est à peine 5 h 30. La cité dort tandis que Zaky et moi nous éloignons. C'est le début de la trilogie infernale des travailleurs du petit matin, le trajet des humbles et des lève-tôt, le bus, le train, le métro… Portes automatiques qui s'ouvrent et se referment dans un claquement de monde se repliant sur lui-même. Nous nous glissons sans mollir dans l'univers des sans-grade et des maigres destins. Silences contraints, regards baissés, bouches fermées, ambitions sans doute déchiquetées. Chacun dans une bulle isolante et protectrice, l'apprentissage des premiers gestes barrières pour mieux barricader nos inquiétudes, le mètre de distance, la protection sur le visage… Mon neveu porte un casque audio d'où déferlent ces airs de rap, culture commune qui rapproche les banlieues des villes capitales ; de mes écouteurs s'écoule la médiocre cavalcade des informations du petit matin.

J'aime savoir ce qui se passe dans le monde qui m'entoure.

Me titille soudain cette impression de revenir vingt ans en arrière, de retrouver ma période étudiante quand je sillonnais Paris en transports en commun, entre la maison, la fac de sport et mes activités de livreur de pizzas dans le XVIe arrondissement. Le soir, quand j'arrivais chez ma mère porte de Clignancourt, la pizza que j'avais pu emporter à la fin de mon service était froide.

Après plus d'une heure de transport, nous sortons finalement de terre à la station Église-d'Auteuil. Le soleil s'est levé, la température n'a pas suivi, il fait encore bien frais, même dans les beaux quartiers de l'Ouest parisien.

Chef est là et nous attend dans la rue. On se checke du coude. Nous le suivons, comme si nous en avions déjà l'habitude. Devant une porte à barreaux, Chef tape un code, un grincement lui répond. Nous avançons alors vers un grand immeuble. C'est le bâtiment Rossini de l'hôpital Sainte-Périne, établissement spécialisé dans la gériatrie et le traitement, si l'on peut dire, des maladies liées au grand âge : les fins de vie ne fraient que rarement avec les miracles, les rémissions ou les renaissances.

Un sas, des couloirs qui partent dans toutes les directions. Nous continuons jusqu'à une porte vitrée. Derrière, des escaliers mènent au sous-sol, là où se trouve le bureau de Chef.

« Chef », c'est Moussa Meïté, un Ivoirien, comme moi. Ici, c'est le « chef de site », le boss. C'est auprès de lui qu'hier Zaky, sur les conseils de sa mère, s'est proposé de venir travailler. Avec moi. Ou plutôt moi avec lui.

Il avait rapidement donné son accord : « Chef », je le connais depuis quelques années, c'est le frère du mari de ma sœur, son beau-frère donc… Nous portons d'ailleurs le même nom, Meïté… À l'africaine, cela fait de nous des cousins, et nous autorise à nous appeler mutuellement « Couz ».

– Je vais chercher du pain, vous allez déjeuner…

– Non moi c'est bon. Juste un café à la rigueur.

– Moi, je veux bien un chocolat, demande Zaky.

– Bon, je vais au distributeur alors. Pour le café, l'eau est dans la bouilloire, déjà chaude, me dit Chef en lançant un sachet d'instantané.

D'une radio s'envolent des voix que je connais, celles des journalistes de RFI qui évoquent la percée encore timide du Covid-19 en Afrique.

Les breuvages avalés, il faut entrer dans le vif du sujet. D'un geste qui paraît bien archaïque, Chef décroche le téléphone filaire posé sur son bureau et compose un numéro en même temps qu'il me demande ma taille de pantalon.

Un homme qui vient d'entrer répond alors à ma place :

– Hum, je pense qu'il fait du 46 ou du 48. Bonjour. Ça va bien ? Moi c'est Doukara.

J'opine, tout en fixant cet échalas qui fait irruption à la fois dans la pièce et dans la conversation.

Il reformule exactement les mêmes mots sur le même rythme à Zaky, comme s'il n'était pas assis à un mètre de moi et n'avait pas entendu.

– Bonjour, ça va bien ? Moi c'est Doukara.

Chef a déjà raccroché et quitte la salle d'un pas décidé pour aller chercher nos équipements.

Il réapparaît les bras chargés. Donne à Zaky un T-shirt noir et un pantalon de la même couleur, ressemblant à celui que portent les plombiers ou les manutentionnaires. Des grosses poches sur le côté, des revers orange. Le T-shirt est floqué du mot « Arc-en-Ciel », surmonté d'un logo qui ne ressemble pas à grand-chose. Pas à un arc-en-ciel en tout cas.

Chef et Doukara portent le même uniforme.

Zaky disparaît avec son paquetage.

J'ai droit à un ensemble vert. Un haut et un pantalon sous cellophane. La tenue, la seule qui soit à ma taille, me rappelle celle des chirurgiens. En regardant Doukara, je me dis que ce n'est pas plus mal : son uniforme d'agent d'entretien ne me paraît pas fait pour quelqu'un qui, comme moi, approche les deux mètres et ne fait même plus trembler les balances au-dessus du quintal.

Soudain, une nouvelle irruption, haute en couleur.

– Ah mon mari est là ! Chéri coco, ça va ?

– Oui, ça va.

Je me surprends à entrer immédiatement dans le jeu de cette femme, sourire jusqu'aux oreilles, que je n'ai jamais vue et qui vient de faire son entrée en scène.

– Doukara, t'as vu mon mari ? Il peut vous soulever toi et Moussa en même temps... Aujourd'hui personne va m'embêter... Chéri, voilà pour ton café, me dit-elle en me tendant un morceau de viennoiserie.

– Merci, réponds-je, encore gêné, mais incapable de refuser.

Zaky réapparaît en tenue. Tout est à sa taille.

– Tiens, Petit-Chéri. Toi aussi, mange.

Zaky refuse poliment.

– T'es sûr ? Bon pas grave ! Grand-Chéri, il a mangé, lui, lâche-t-elle en me regardant.

Son sourire me plaît.

* * *

J'ai eu le temps de passer mon haut vert par-dessus mon T-shirt. Chef et un de mes nouveaux collègues m'accompagnent jusqu'aux vestiaires, puis m'abandonnent.

J'enfile alors mon pantalon d'apprenti chirurgien par-dessus celui que je porte. Je ressors et rejoins Chef, Doukara, Zaky et ma *Chéri coco* dont j'ignore encore le prénom. C'est là que j'apprends que Doukara va être mon initiateur et qu'il va me montrer les rudiments du travail.

Je me dis que je viens d'être embauché pour un boulot dont j'ignore le salaire et pour lequel je ne suis même pas certain d'être qualifié. Je l'interprète pourtant comme une chance. Même si l'heure est au rester-chez-soi, à l'attente, à la crainte d'un inconnu menaçant, même si nul ne sait comment la situation globale risque d'évoluer, j'ai besoin d'aider, de soutenir, de participer. L'inaction n'est pas une composante de mon patrimoine génétique. Et puis, quand on connaît le taux de chômage, quand on imagine le nombre de personnes vivant sous le seuil de pauvreté, un emploi, quel qu'il soit, quand on le trouve, cela ne se refuse pas.

Deux tables, un évier, une paillasse, c'est la salle d'entretien. Doukara prend les devants et commence à enfoncer des chiffons dans un petit seau d'eau. Il en met beaucoup. Une trentaine. Voire plus.

Il me tend le récipient, puis se rétracte.

– Les gants ! Les gants pour Bakary.

– J'arrive, répond « Chef » en franchissant la porte avec une boîte en carton.

Il en extirpe la quasi-totalité et me tend une trentaine de paires de gants. J'en prends une et enfonce le reste dans l'une des nombreuses poches de ma veste.

C'est la bonne taille. Doukara me retend le seau. Et là, c'est Chef qui l'interrompt en disant :

– Le masque !

Il m'en donne un. Je me couvre le nez et la bouche avec. Ma barbe hirsute et véhémente dépasse un peu par le bas. Me voilà néanmoins paré.

Je suis alors Doukara qui ne semble pas vraiment enchanté à l'idée de me former. Nous remontons à la surface.

Il commence à m'expliquer la tâche qui m'attend. Le seau, l'eau chaude, les chiffons…

– C'est simple. Ton boulot, c'est les rampes. Les téléphones. Les interrupteurs et les poignées de porte. D'accord ?

– Oui.

Et il détale, sans même vérifier si j'ai bien compris ma mission. Formation finie.

Premiers pas, premières manips

Il ne me faut pas longtemps pour comprendre que la dimension du travail que l'on vient de me confier revêt des proportions à la fois formidables et infinitésimales : je suis affecté à la désinfection des rampes et des téléphones muraux. Des interrupteurs et des poignées de porte. Grenadier-voltigeur du minuscule, je suis condamné à monter au front pour tenter d'anéantir les virus et les germes. Mes gestes sont censés devenir des barrières à la propagation. Des barricades même.

Mais juste après que Doukara m'a lâchement abandonné, et alors que je m'apprête à frotter ma première poignée, une dame, lunettes à corde sur le bout du nez, archétype de la secrétaire médicale, m'interrompt.

– C'est gentil, mais je l'ai déjà fait ce matin.

– Ah oui !

– Oui, oui, ce n'est pas nécessaire, vous pouvez monter à l'étage.

– D'accord, très bien.

Je m'exécute à contrecœur, comme dégradé avant même le premier coup de feu : je suis à peine sur le pont qu'une inconnue m'enlève le pain de la bouche. Je grimpe dans l'ascenseur et monte au premier. Les portes s'ouvrent. En face, un couloir doit mener aux chambres. À droite, entre un mur et une baie vitrée, une petite pièce fait office de salon ou de salle d'attente. Y trône un canapé mauve en plastique dur, rehaussé par des coussins zébrés… À côté, deux fauteuils du même matériau, séparés par une petite table basse en verre.

Je repère aussi un chariot et un présentoir, sur lequel sont disposées deux boîtes : l'une déborde de gants, l'autre de masques chirurgicaux. Au-dessus, une petite affiche a été scotchée : « Servez-vous ».

Le vide m'a toujours désespéré, le silence toujours inquiété. Il n'y a sans doute pas si longtemps, ce salon devait être occupé par des familles venant rendre visite à des malades. L'endroit s'emplissait de voix douces et de sourires encourageants, d'espoirs entretenus et de promesses de sortie peut-être imminentes.

Mais je ne suis pas ici pour fantasmer la vie d'avant, dans une pièce désormais sans relief ni mouvement. Je pose mon seau, y plonge ma main et mon premier chiffon. Je l'essore en le pressant de toutes mes forces. Je déplie alors maladroitement la boule qui tient presque dans le creux de ma main. Et la replie deux fois.

Ma première cible sera le bouton de l'ascenseur. Je le frotte vigoureusement. Laissant les portes lentement s'activer sans en gêner le fonctionnement.

Ce sera le geste inaugural d'une longue série qui ne m'apparaît pas encore comme éminemment répétitive.

Je suis ensuite le couloir et officie devant un deuxième ascenseur. Puis, continuant ma progression, je me retrouve soudain face à une vaste baie vitrée. Je m'escrime aussitôt sur la poignée. Je profite de la lumière et de la large fenêtre pour regarder dans la cour. Un camion y décharge de grands chariots dans un fracas métallique qui résonne et monte au-delà des toits.

J'arrive devant un second petit salon, je le dépasse. Devant moi, une rampe. J'ignore encore que cet objet si usuel va devenir l'un de mes « partenaires » privilégiés. J'ai l'impression qu'elle n'attend que moi. Je me mets à la frotter avec force, puis progresse dans mon entreprise en n'oubliant aucun centimètre carré. Un peu plus loin, un fauteuil médicalisé est branché sur une prise électrique. Je dois le contourner en prenant soin de reprendre mon nettoyage là où je l'ai arrêté.

La rampe continue. La rampe s'arrête. La rampe continue, la rampe s'arrête.

Et s'impose déjà ce travail d'humilité et d'ingratitude. Je deviens sans m'en rendre vraiment compte fourmi laborieuse, ou petite main à laquelle nul ne prête attention. En première ligne, certes, mais imperceptible sans doute aux yeux de ce monde hospitalier déjà en guerre. Ma fonction, pourtant nécessaire et probablement vitale, n'intéresse personne ; une fois terminé, ce que je viens de faire n'existe plus : je deviens l'homme qui ne laisse pas de trace. La réalité de mon geste disparaît en même temps que j'avance, laissant derrière moi des parcelles de propreté et d'immaculé dont je suis le seul à connaître l'existence.

Gommé, oublié, effacé, je me fonds dans l'indétectable, après les combats rudes et les mêlées fermées, les longues courses sur le pré et les troisièmes mi-temps enfiévrées. Et désormais je frotte comme si la vie du monde en dépendait, des boutons de porte, des claviers de serrure, des poignées de fenêtre…

* * *

Seau posé, mains protégées, chiffon plié, je m'attaque à mon premier interrupteur ! Le va-et-vient cède sous la pression des doigts. Et la lumière s'éteint. Je sens monter les picotements qui me trahissent lorsque je rougis, comme si j'avais commis une première erreur. Heureusement, il n'y a personne. Je rallume. Et reprends en missionnaire de l'insignifiance mon travail dérisoire, un interrupteur, une rampe, un bouton, une poignée. Près de moi, des infirmières et des aides-soignantes discutent et s'affairent devant des pupitres roulants. J'hésite à leur faire la conversation. Je ne suis pas là pour ça. À chacun sa mission.

– Bonjour, dis-je quand même.

– Bonjour, répondent-elles en chœur.

Chez moi, la politesse n'est pas une option. Leur simple « bonjour » a les vertus d'un premier réconfort et réchauffe ma solitude.

Je continue jusqu'au poste de soins dont la poignée me semble étonnamment haute. L'ouverture se fait par l'intermédiaire d'un code. Je prends soin d'appuyer sur chaque bouton numéroté. Sur la vitre du poste est collé un dessin. On y voit un personnage en blouse en train de nouer un masque chirurgical autour de son visage. La blouse largement entrouverte sur la poitrine laisse apparaître le flamboyant S de Superman.

* * *

Me voilà devant ma première chambre, dont la porte est fermée. D'emblée, je me fixe une règle : si une porte de chambre est close, je n'entre pas. Je me contente de la poignée extérieure. Mais si elle est ouverte, ou entrouverte, alors je poursuis ma tâche et nettoie les deux poignées, plus l'interrupteur. Il me suffit de passer la tête puis la main dans l'entrebâillement pour atteindre facilement le bouton.

Très vite, je me mets à avancer comme un métronome. Face à moi, une nouvelle baie vitrée, gigantesque elle aussi, dix mètres de long, du sol au plafond, munie de fenêtres à encadrement métallique qui s'ouvrent comme des vasistas, à l'aide de poignées. Mon chiffon noircit sous la crasse. Il y a belle lurette qu'elles n'avaient pas été nettoyées.

Curieusement, je sens que cela me convient, cette impression fugace d'être utile alors que je ne représente rien. Certes, je n'existe pas aux yeux des autres, je ne suis même pas le plus modeste maillon, je ne suis rien en comparaison des aides-soignantes, des brancardiers, des infirmières, des médecins, composants essentiels de cette grande chaîne sanitaire qui se met en place pour lutter contre le mal. Je ne suis qu'un homme-chiffon, un fantassin anonyme, un croisé sans autre armure qu'une tenue en tissu mâché, qui se convainc pourtant que le moindre de ses gestes pourrait se révéler salvateur. Je suis bien loin du fameux battement d'ailes du papillon qui bouleverserait le monde, mais je prodigue ces quelques mouvements ignorés qui permettront peut-être, et juste à mon échelle, de juguler le maléfice.

À chaque étage du service, je retrouverai la même architecture, la même disposition des pièces et des couloirs, un poste de soins, quelques chambres, le petit salon pour les visiteurs, et un poste de service réservé au personnel soignant. C'est toujours un espace à part qui sert de salle de vie. Parfois s'y trouvent des tables et des chaises. Parfois j'y croise des patients ou des infirmiers prenant leur petit déjeuner. Parfois on y entrepose même du matériel de kinésithérapie. C'est selon l'étage, selon le service. Au début, la parfaite ressemblance entre les différents niveaux, voire entre les trois « maisons » en enfilade qui se succèdent et forment l'USPC de Rossini – la fameuse Unité de soins prolongés complexes –, me laissera un peu désorienté, sinon confus. Suis-je déjà passé, ai-je déjà nettoyé ces rampes/boutons/interrupteurs/poignées ?

* * *

J'apprendrai progressivement la structure et l'aménagement du bâtiment. Au-dessus du rez-de-chaussée, les deux premiers étages sont composés de trois maisons chacun. Le quatrième n'en a que deux. Le deuxième étage a pour nom Verdi, le troisième a été baptisé Bizet – étrange, cette propension à affubler de noms célèbres et plutôt enjoués des endroits où règnent souvent la tristesse et la mort ! Comme si cela permettait de faire oublier la fin qui rôde, comme si les premières notes du *Barbier de Séville*, de *La Traviata* ou de *Carmen* suffisaient à évacuer les craintes existentielles – et le dernier étage, c'est Lebard-Gatineau. Un nom qui en revanche ne me dit absolument rien. Cela deviendra pourtant mon étage préféré.

Il est à peu près 10 h 30 et j'en termine donc avec Rossini, ses différents étages, ses chambres, ses malades et ceux qui tentent de les sauver. L'ampleur de la tâche à accomplir commence à prendre forme dans mon esprit. Bien que grisé par l'utilité de mon sacerdoce, je me demande si la monotonie du travail ne va pas submerger mon envie de combattre la pandémie, et si je ne vais pas m'ennuyer très vite. Puis je me remémore les premières personnes que j'ai déjà croisées, ou entraperçues, et qui passent leurs journées ici. Les patients, très âgés comme j'ai pu le remarquer, les soignants, tellement dévoués et ne comptant sans doute pas leurs heures… Je repense à tous les gestes que j'ai observés furtivement, à tout ce qui nourrit ma curiosité, à toute l'attention que je peux porter aux autres et je me persuade que non, il n'existe aucune raison pour que le travail négligeable que j'entends fournir se transforme en une succession d'instants sans saveur. Ma motivation doit ressembler à ces chiffons humides que je manipule. Parfois il me faudra sans doute la tremper dans le seau, la gorger d'espérance, la déplier pour qu'elle s'étende au-delà de mes doutes, la replier pour en faire une arme fatale, puis l'utiliser pour combattre l'enfer qui entrebâille ses portes.

Je redescends en salle de pause. Il est 10 h 55. Chef m'y attend. Nous ne sommes que tous les deux et la pièce ressemble à un bureau désormais.

– Alors Couz ! m'interpelle-t-il. Comment ça a été ?

– Ouais, Couz, écoute, ça va. J'ai l'impression que les gens ont l'air un peu surpris de me voir, mais tous ont été très gentils.

– Tu m'étonnes qu'ils soient surpris ! Tu remplaces une fille qui devait faire 1,55 mètre. C'est le contraire qui aurait été bizarre.

Couz m'avait expliqué que la jeune femme avait prétexté, selon lui, un surmenage pour se mettre en arrêt-maladie. Probablement parce qu'elle craignait d'être contaminée par le virus. Je la comprenais. Et pourtant j'ai accepté d'être là, à sa place. Aux yeux des autres, cela signifie sans doute que je n'ai pas peur. C'est faux. Comme tout le monde, j'ai peur. Peur d'être contaminé, peur de contaminer mes proches, peur même d'y laisser ma peau.

* * *

– Bon, là on va aller à Sainte-Périne, dans l'autre bâtiment.

Je me doutais bien que ma journée n'était pas finie. Ma seule interrogation concernait la taille de l'autre édifice. Sainte-Périne était-il plus grand que Rossini ? Plus petit ? J'allais vite le savoir.

En longeant une palissade censée masquer un chantier qui sépare les deux bâtiments, je constate que l'endroit respire le néant. Comme les autres, les ouvriers sont désormais confinés. Peut-être savourent-ils ce chômage technique, goûtant probablement à un inattendu repos forcé ? Parce que je sais ce que c'est, parce que j'ai toujours respecté les hommes qui manipulent les instruments du diable, les pelles, les pioches, les marteaux-piqueurs, par tous temps, par tous vents, parce que la pénibilité de leur travail n'est pas une vue de l'esprit, et que les moindres lambeaux de repos sont toujours bons à prendre. Nous ne sommes qu'au début du confinement…

On oblique légèrement sur la gauche. Une banderole négligemment attachée aux grilles nous souhaite la bienvenue : « J'♡ l'hôpital, sauvons-le ! »

Je me dis que cette banderole est là depuis très longtemps et que les suppliques du corps hospitalier sont antérieures au Covid.

On franchit la grille réservée aux voitures. Le carrousel macabre des ambulances anime le dépose-minute…

* * *

À l'entrée, l'agent de sécurité, une femme avec des énormes tresses sur la tête, me regarde, intriguée, pendant qu'elle salue Couz. Je tente de repérer les différents points de contact qui vont faire plus ample connaissance avec mes chiffons.

Couz me dispense les consignes à la même vitesse que Doukara quelques heures plus tôt. Il est interrompu plusieurs fois par des médecins ou des soignants qui le saluent chaleureusement. Une vraie rock star.

– Bon moi, je retourne à Chardon-Lagache.

Chardon-Lagache ? J'apprendrai rapidement qu'il s'agit du troisième site qui fait partie de l'ensemble hospitalier. Rossini, Sainte-Périne, Chardon-Lagache… Tous spécialisés dans les pathologies du grand âge…

Couz a juste le temps de me dire : « Tu vas à droite, tu fais le rez-de-chaussée, tu retournes à gauche, c'est pareil. Après tu fais les étages. » Quelle précision. Merci.

Puis il a disparu…

Recommence alors la lente symphonie des rampes, des boutons et des poignées… Je suis dans le hall. J'attaque la porte du bureau d'accueil.

– Ça a été fait, monsieur, me tance une voix…

Décidément.

La rampe ici semble neuve. Je me surprends à en analyser la structure. Elle est belle et a l'air en bois. Cylindrique, elle tient dans ma main. J'avance de quelques mètres, c'est déjà la fin. Je fais face à une porte coupe-feu avec un gros « Stop » imprimé sur une feuille A4. J'obtempère, fais demi-tour et repars en frottant la rampe jumelle qui fait face à celle que je viens de nettoyer. Étrangement, le geste pourtant basique me procure une sensation que je n'aurais jamais pu imaginer. Le contact avec le bois lisse, le chiffon qui glisse sans à-coups, comme si naissait entre nous trois, l'objet, le tissu et moi, une forme de douceur dans l'échange, décuplée par cette impression d'apporter, même s'il est maigre, un soutien aux victimes et à ceux et celles qui tentent de les sauver.

Je commence à me convaincre que ce que je fais n'est pas si anodin.

Nouvelle porte coupe-feu. À la place de la poignée, une plaque invite à pousser dessus. Je nettoie, je pousse, je me retrouve dans une cage d'escalier. Pour les sportifs, ou pour les phobiques des ascenseurs. Ma progression m'amène devant une pièce dont la porte est vitrée et floutée. À travers, je distingue une table avec un cabas. Des habits à l'intérieur. Deux affiches. « Linge propre », « Linge sale ».

Je contourne la salle. J'arrive devant les portes automatiques qui donnent sur la cour intérieure. Un digicode à droite. Les boutons retentissent sous la pression du chiffon. Les portes s'ouvrent comme si j'avais trouvé le code, mais c'est le détecteur de présence qui a pitié de moi. Je passe et arrive devant une petite cafétéria. Son rideau métallique est baissé pour rappeler que nous sommes en période de confinement. À travers la grille, la vitrine vide aurait dû présenter les sandwichs du jour : Jambon-beurre, Poulet-crudités, Thon-mayonnaise, alignés comme pour une revue, attendant d'être choisis et engloutis par le personnel hospitalier contraint de manger sur le pouce ou par les familles de patients préférant se restaurer sur place.

Aujourd'hui, seuls le vide et l'absence entourent les hospitalisés. Leurs sentiments ne sont même plus sous perfusion. Le goutte-à-goutte a cessé de fonctionner : pour celles et ceux qui en ont conscience, l'aridité sociale et la désertification des lieux, fossoyeurs de bonheurs passés, ne sont plus que des accélérateurs de tristesse. Voire de détresse.

Et des poignées à saisir, toujours. Et des portes à pousser.

Jamais je n'aurais pu imaginer le nombre insensé que cela représente…

Juste à l'entrée, le guichet des admissions. Derrière son hygiaphone, une secrétaire médicale ne remarque même pas ma présence. Mon « bonjour » est ignoré. Sans doute à cause de la vitre épaisse qui retient les sons et étouffe les marques de politesse. Je retenterai ma chance sur le chemin du retour.

Je tiens toujours ma droite et la rampe qui va avec. Neuve, celle-ci paraît sensible à mes linges humides comme à mes gestes sans ostentation. Sans que je parvienne encore à comprendre pourquoi ces mouvements d'une intense banalité me procurent une forme de félicité presque organique. Le bras, le coude, la main, les doigts enserrant le tissu travaillent ensemble, la gestuelle que je leur impose donne à ma tâche l'apparence d'un sauvetage essentiel. Et le chiffon n'en devient que le prolongement, comme si, en accompagnant mes va-et-vient, il tentait de faire partie de mon être. Ou alors, cuirasse de tissu, de me protéger du mal.

Des toilettes. J'y entre. Trois portes se défient. Deux ont des poignées classiques avec un verrou à l'intérieur. Et la troisième, une poignée à code. Elles subiront le même sort.

Je quitte les lieux et retrouve ma rampe. Virage léger à droite. Porte vitrée. Digicode.

* * *

Je fais maintenant face à un nouveau type d'obstacle. C'est une planche de bois assez épaisse, parallèle au mur et striée sur le dessus. Elle est large et ne se révèle pas vraiment ergonomique. Ce que je trouve assez culotté pour une rampe. La prise en main n'est pas bonne. Et le bois qui la compose semble avoir connu le siècle précédent. La friction n'est pas la même. Tout en progressant, je rumine, j'en suis déjà à juger l'état et la qualité d'une rampe, sans doute mon côté ultra-perfectionniste, ou de nouveaux travers d'expert en bien-être au travail ! J'arrive dans un nouveau hall. Un ascenseur, deux monte-malades côte à côte et, plus loin, une porte qui doit donner sur un bureau. Je fonds d'abord sur celle-ci pour m'attaquer à la poignée, et abandonner derrière moi cette vilaine rampe quand, au moment de la saisir, la porte s'ouvre :

– Oh, désolé !

– Non, y a pas de mal.

– Pardon.

– Non, je vous en prie. Je nettoyais les poignées, me justifié-je.

Je ne sais pas vraiment comment me comporter. Comment suis-je perçu, moi, tout de vert vêtu et dont la morphologie détonne, qui, entomologiste de l'absurde, observe l'usuel, dissèque ce que nul ne remarque, frotte l'imperceptible.

Les deux soignantes hâtaient le pas pour aller fumer dans le jardin.

La deuxième s'enquiert de mon état.

– Ça va ? Pas trop fatigant ?

– Non, ça va.

Silence. Je reprends :

– C'est le premier jour, donc ça va.

– Ah, c'est le premier jour !

– On verra dans un mois, tenté-je.

– Ah, vous êtes là pour un mois, là. Pour nettoyer les poignées ?

– Toutes les poignées et toutes les rampes.

– Ah ben bon courage alors.

– Merci !

Un dialogue d'avaricieux des mots, vocabulaire de rien, pauvreté sémantique, information sans intérêt, mais qui me réjouit. J'ai toujours appris à me contenter du peu que l'on me donne. Le « bon courage » lancé par la jeune femme est une invitation suffisante à continuer, presque un remerciement pour ce que j'ai entrepris depuis le matin.

J'en ai fini avec ce hall. Et la rampe ne me plaît toujours pas. Elle m'oblige à une attention excessive. Des vis dépassent, elle est ébréchée par endroits et peut donc potentiellement favoriser les échardes. Le danger apprécie de se nicher dans le détail.

Je m'engage dans une nouvelle allée sans vraiment savoir où je vais. Je suis perdu dans un monde encore inconnu. Les indications de Couz me semblent aussi floues que lointaines. « Tu fais le rez-de-chaussée et après les étages. »

Il est maintenant un peu plus de 10 heures, je suis censé finir à 13 heures. Cela me donne une première idée de l'ampleur de la tâche.

En plongeant ma main dans mon seau je me rends compte qu'il s'est allégé. Moins de chiffons, et également moins d'eau. Les carrés usagés se reposent dans le filet que j'ai attaché à ma taille. Que se passera-t-il si je n'ai plus de chiffons alors que je n'ai pas fini ma journée ?

* * *

Près de l'ascenseur, un panneau. « Pour vous protéger, vous et vos proches, les visites sont suspendues jusqu'à nouvel ordre. »

* * *

Une porte surmontée d'un panneau « Jean Racine » m'invite à poursuivre. Après avoir « salué » la poignée, j'y pénètre. Le code couleur bleu du couloir et des portes est accompagné d'une lourde odeur de peinture. La rénovation semble récente.

Le calme régnant dans le service est saisissant. Et même si je n'ai encore croisé personne, tâcheron dévoué et vaillant, je m'acquitte de ma mission. La vilaine rampe est toujours là. Elle a visiblement refusé la modernisation.

Poignée. Rampe. Interrupteur. Poignée. Rampe. Interrupteur. Lancinante répétition. Je me sens Charlie Chaplin, dans *Les Temps modernes*. Ou ouvrier de la ville basse dans le *Metropolis* de Fritz Lang.

Le calme est relatif, car régulièrement interrompu par un bip régulier.

Le panneau d'affichage à LED qui trône au plafond dans chaque couloir que je traverse indique le numéro de la chambre qui sonne. Le numéro 153 clignote sur le panneau au rythme du bip. Personne ne réagit. J'en suis désormais certain, l'aile Jean Racine est vide.

Je devrais en informer Couz. Malgré ma détermination, l'intérêt de me faire nettoyer une unité déserte me paraît surprenant.

Je rebrousse chemin et je repasse devant les endroits où je viens de m'activer. Je retente ma chance avec la secrétaire médicale, toujours dissimulée derrière son hygiaphone.

– Bonjour.

– Bonjour monsieur.

Yes !

Je traverse de nouveau le hall d'entrée et je me dirige vers la porte coupe-feu dont le panneau « Stop » avait brisé mon élan, bien décidé cette fois à braver l'interdit.

L'atmosphère et l'ambiance sont totalement différentes.

Déjà, c'est le retour de la rampe en bois cylindrique. Comparée à l'autre, elle me paraît parfaite. Et ici, la vie bat son plein. Deux femmes en blouses blanches, charlottes et masques discutent avec une troisième « en civil » mais masquée. Elles semblent être au milieu d'une grande salle d'attente. Je suis trop loin pour leur adresser un bonjour collégial mais ma présence surprend, j'en suis de plus en plus persuadé.

Je continue à frotter.

– Bonjour monsieur, me dit une des blouses.

– Bonjour ! renchérit la civile.

– Eh bonjour, ajoute la seconde blouse.

– Bonjour.

– Vous êtes le nouveau, dit la civile. C'est Moussa qui m'a dit ça hier.

Sacré Couz. Les nouvelles vont vite.

– Oui, c'est moi.
– Vous êtes son cousin, c'est ça ?
– Juste le frère de sa belle-sœur.
– Ah. Alors bienvenue.
– Merci.

Je me sens regardé, observé, mes faits et gestes scrutés. Un grand dadais au chevet de l'insignifiant, il y a de quoi s'interroger.

Je me voue à ma tâche en découvrant progressivement un lieu où je mets les pieds pour la première fois. Je m'adapte. Les poignées de fenêtre rentrent dans la longue liste de mes objectifs quotidiens. Les poignées des portes en métal gris semblent neuves, elles glissent bien sous mon chiffon bleu, j'apprécie. Une des nombreuses portes de ce grand espace attire mon attention. J'étais pourtant déjà passé devant sans voir l'affiche qui avait été collée sur le hublot : « Vous les voleurs de masques, vous êtes la honte de ce pays. On vous voit ! »

Je trouve ça révélateur du climat ambiant. Même ici, où le port du masque est recommandé depuis si longtemps, la vilenie pousse au trafic. Les médias se repaissent déjà de ce type d'exactions, la polémique enfle façon boule de neige, hystérisant une situation de crise qui n'a nul besoin de l'être. Le pays manque de masques, que faut-il faire ?

Je me demande jusqu'où peut aller se vautrer l'âme humaine lorsqu'il s'agit de penser à sa propre survie plutôt qu'à celle des autres. Voler des masques !

* * *

Je m'engage dans un long couloir en forme de L, avec de nombreuses portes. Ce sont des box. Je suis au niveau des consultations. Médecine du travail. Orthodontie. Ophtalmologie. J'en passe. Je vais jusqu'au bout en nettoyant toutes les poignées puis je m'occupe de la rampe qui se trouve maintenant en face des box.

Le L est fini. Je continue ma progression vers des contrées inconnues.

Il est bientôt 11 h 40 et il me reste deux étages à désinfecter.

En sortant de l'ascenseur, je fais face à un choix cornélien : à droite Balme, à gauche Chopin. J'opte pour le plus « people » des deux noms. Chopin. Un musicien, encore et toujours, le romantisme d'une mazurka ou d'une polonaise…

* * *

L'unité Chopin est une unité classique. Après en avoir fait le tour, je dénombre une vingtaine de chambres. Là aussi, je vais croiser du monde, beaucoup de monde.

« On va essayer de faire un grand tour aujourd'hui monsieur Marty ? Allez, on y va pour le grand tour… » Une aide-soignante, un vieux monsieur accroché à son bras, progresse timidement devant moi. Je ne vais pas tarder à les dépasser. Le temps de nettoyer devant eux, et M. Marty pourra libérer le bras de la jeune femme et se tenir à une rampe désinfectée.

Ma mission prend un sens nouveau avec ce monde qui grouille autour de moi. Je comprends mieux la nécessité de ma besogne.

Après Chopin, Balme. Même nombre de chambres, même nombre de postes de service, de salles pour les cadres, de bureaux de médecins référents, de réserves, de salles de pause, de toilettes et de vestiaires. Et toujours autant de monde. C'est vivant. Ça tranche avec Racine. J'aime ça. J'ai l'impression de m'infiltrer dans un monde fermé et inconnu. De passer le porche d'un huis presque clos, parce qu'il laisse quand même percer, malgré lui, porte mal fermée, brancard qui passe, fauteuil qui ne roule plus guère, les intenses variations des déliquescences physiques autant que la perpétuation des rapports humains… Un râle, un bout de dialogue, une toux, quelques cris, un encouragement, une plainte, un regret, un combat. Derniers soupirs de vie, malades en bout de course. J'aimerais qu'ils me racontent leur vie, leurs espoirs, leurs bonheurs, leurs enfants et les enfants de leurs enfants, le pourquoi de leur présence entre ces quatre murs, leur désir de ne pas mourir peut-être. Ou bien le contraire…

– S'il vous plaît ?

– Bonjour, réponds-je à l'homme qui s'adresse à moi.

Silence. Comme s'il ne m'avait pas entendu répondre. Face au mur, le regard fixe, il est assis dans une chaise, le long de son lit. Et m'ignore royalement. Sans doute déçu de ne pas voir arriver un soignant. Cela ne m'empêche pas de nettoyer sa poignée et son interrupteur avant de l'abandonner à son silence.

Je distingue un autre « s'il vous plaît » lointain tandis que je m'éloigne.

* * *

J'ai l'épaule droite qui s'ankylose et la sensation d'avoir déjà parcouru quelques kilomètres.

Quand je nettoie les poignées de porte des chambres, je suis souvent distrait par la conversation entre une soignante et son patient.

– Est-ce que ça vous fait mal quelque part ?

– Non.

– Vous avez des difficultés à respirer ?

– Non plus.

– Parfait. Je vais juste toucher un petit peu le cœur. Vous me dites si ça vous fait mal. D'accord ?

Ou par les discussions entre infirmières.

– Elle n'est pas là, Stéphanie ?

– Non.

– Ah. Parce que d'habitude, c'est elle qui fait la relève.

Des rires de celles qui choient aux plaintes de ceux qui souffrent, le brouhaha est permanent. Incessant. Le creuset des humeurs est le baromètre des espoirs comme des désespérances. On pourrait appeler cela la vie qui va, s'il ne s'agissait de soutenir et d'accompagner des malades dont la fin est souvent proche. Le projet de loi inique développé par le virus, ici comme ailleurs, ne cache plus son objectif : c'est un « Tout le monde doit disparaître » qui s'étend sur le mental du monde.

Il faut faire face : Chopin, Balme, Debussy, Molière, Proust, Beausoleil, Apollinaire, litanie improbable. Mais chaque unité sera passée au peigne fin. Désinfectée l'une après l'autre.

Je commence à prendre mes marques. Je me déplace plus vite. Avec plus d'assurance. Mon seau s'allège.

Il est 13 h 25 quand ma montre vibre. C'est Couz qui m'appelle.

Il attaque :

– Oh Couz. Ça va ? T'es perdu ? Ha, ha, ha !

– Non, non. Je suis à l'accueil là, je reviens.

– Arc-en-Ciel ne va pas te payer les heures supplémentaires sur ton premier jour, Ha, ha, ha !

– J'arrive.

– Bon, Zaky t'attend ici au bureau.

Il a l'air enjoué au téléphone, je suis exténué mais je ne veux pas le faire savoir.

Je consulte le podomètre de mon Apple Watch et le chiffre que je vois est édifiant, effarant même.

10,64 kilomètres, 13 654 pas.

Je savais que j'avais marché. Mais je ne m'attendais pas à une telle distance.

Je retrouve Zaky. Metro, RER, bus, comme l'aller, le retour des forçats s'exécute sans mot dire, casques sur les oreilles.

Nous rentrons à Saint-Denis.

Nokessa

S'il y a un endroit où j'ai aimé me retrouver confiné, c'est bien chez Nokessa, ma sœur. Un havre de paix dans une France en pleine crise. Car Nok est la personne la plus organisée que je connaisse. Chez elle, improvisation et hasard n'ont jamais droit de cité. Dans l'appartement, tout est pensé, réfléchi, anticipé pour ne laisser que très peu de latitude à l'imprévu. Nok est ainsi faite qu'elle contrôle tout. De A à Z. L'héritage d'une jeune fille qui a basculé trop tôt dans l'âge adulte, à la mort du père. Un cancer éclair alors que je n'avais que 10 ans. Un sentiment d'incompréhension, l'impression d'un rempart qui s'écroule. Du jour au lendemain, l'homme au statut d'électricien, le père de famille aimant et présent, le guerrier grand et fort, devint un malade, alité et sans force. Je me souviens d'une visite à l'hôpital où l'enfant que j'étais encore avait à peine reconnu l'homme qu'il n'était déjà plus.

Après son décès, le choc fut brutal. Plus que la perte d'un père, c'était le fait que la vie continue comme si de rien n'était qui me mit en rogne. J'en voulais à la terre entière de ne pas partager ma douleur, de ne pas reconnaître la peine immense qui était la mienne, d'oublier déjà cet inconnu dont j'étais le fils.

Mon père disparu, notre mère aurait sans doute préféré rester à la maison. Seulement « mère au foyer » n'est ni un métier, ni un hobby, encore moins une occupation rémunérée. Pas de traitement ni d'honoraires, des aides sociales tout au plus. Quand vous voulez élever vos enfants dignement, c'est d'un salaire que vous avez besoin.

« Ma » s'était mise à bosser dur. Nok, du haut de ses 14 ans, était alors devenue comme mon deuxième parent malgré les petites années qui nous séparaient. Maintenant que je la vois élever avec brio ses trois enfants, je sais qu'il ne s'agit que d'une suite logique, j'ai moi-même été l'un de ses fils des années auparavant. Elle fut ma béquille, ma directrice de conscience à ces âges où la maturité fait tant défaut, celle qui m'a montré le chemin quand s'ouvrait le grand croisement des avenirs possibles.

Avec l'irruption du Covid, ma sœur s'est retrouvée à l'arrêt forcé. Sans possibilité de télétravail : Nokessa, taille moyenne, teint clair, traits fins qui se sont arrondis au fil des ans, est agent d'escale à l'aéroport Charles-de-Gaulle. Pour une société sous-traitante des plus grosses compagnies aériennes. Son activité lui manque. À peine revenue d'une longue période de congé maternité, Nok avait rapidement compris que son retour avait du plomb dans l'aile. C'était en effet juste avant le confinement. Comme nous tous, elle fut contrainte de retourner chez elle.

Dans sa maison. Son appartement. Son royaume. Où ma sœur règne avec une main d'airain dans un gant d'astrakan. Son fils, Zakarya, et sa plus grande fille, Mariam, 16 ans, ont l'âge de ceux qui défient et se méfient des adultes : ils ne la voient que comme l'œil de Moscou. Surveillance, admonestations, dirigisme, répartition des rôles, hiérarchisation des fonctions. La capacité de ma sœur à anticiper toutes leurs incartades force mon admiration, ici, l'ordre et le respect ne sont guère discutables. Quant à Nahna, la petite dernière, 1 an à peine, elle profite de l'insouciance que lui confère son jeune âge. Et dispose encore de quelques années de répit.

Nul espace en tout cas pour la surprise et l'inorganisation : les commissions, les repas, la lessive, la vaisselle ; tout est régi selon une réglementation bien précise que Nok a édictée puis fait appliquer. Et gare à celui qui s'aventure hors de ce mode de fonctionnement, il est rattrapé par le col. Que vous soyez son frère cadet ou pas.

Chez ma sœur, la pénurie n'existe pas non plus. Ici, les courses sont faites de façon mensuelle. Comme on remplit un cahier des charges. Et si les quantités achetées peuvent laisser croire à des réserves faites pour une famille bien plus nombreuse que la sienne, cela permet de proposer à tout moment une table garnie, quelle que soit l'occasion. Son mari peut inviter des collègues de travail au pied levé sans que cela représente une difficulté. Et même quand un oncle, une tante, un cousin, un filleul débarque à l'improviste, Nok a du répondant : l'opulence règne car la remise où sont entreposés les stocks ressemble à celle d'une petite entreprise assez avisée pour anticiper une prochaine apocalypse. Les packs d'eau s'entassent. Les boîtes de conserve rivalisent avec les paquets de pâtes, le riz blanchit, les céréales croustilleront longtemps.

Pendant les presque trois mois que je vais passer chez elle, nous n'irons faire les courses qu'une fois. Une véritable prouesse si l'on tient compte du contexte.

Seulement, derrière ce costume de générale à la manœuvre et de directrice des achats, l'anxiété du confinement, l'impossibilité de télétravailler, le fait de se retrouver sans activité ont été durs à encaisser. Comme une trop pesante chape qui se serait abattue sur ses épaules. Du coup, Nok essayait de s'en débarrasser en compensant par une suractivité à son domicile. Elle entendait que son esprit reste perpétuellement en alerte. Ne voulait pas se laisser surprendre par la monotonie qui guette et ronge, par l'impression de n'avoir rien à faire ou d'être inutile socialement. Ne pas pouvoir sortir de chez elle était déjà une épreuve. Pas question de se laisser endormir par l'ambiance lourde et pénible que nous imposait la situation sanitaire.

La journée, elle s'improvisait institutrice, directrice d'école même, dont je suis devenu l'un des pédagogues. Parce que, pour elle, le décrochage ou l'échec ne sont pas des options, Nok a assuré le suivi scolaire de sa fille, d'un neveu qui comme moi s'était retrouvé confiné chez elle, d'une nièce, ainsi que des filles d'une amie de la famille qui bravaient régulièrement l'interdiction de se déplacer pour poursuivre leur scolarité dans cet établissement scolaire de fortune.

Nok a gardé aussi pendant toute la période un rituel immuable, comme une parenthèse qui ouvrirait et refermerait son emploi du temps quotidien : regarder BFM le matin au réveil, vers 5 heures, et s'endormir le soir devant un épisode de *New York Unité spéciale* ou *New York Section criminelle*. Entre le jeu des rediffusions et les chaînes de la TNT, il y a toujours un épisode diffusé sur l'un ou l'autre des canaux.

Chaque matin, c'est donc la matinale de BFM. Et sa boucle d'infos en continu.

Nokessa aime brocarder les animateurs et les journalistes qui bafouillent ou butent sur un mot. Reprendre un politique sur le choix de sa cravate. Ou alors pointer la faute d'orthographe d'un bandeau au bas de l'écran qui aurait échappé à la vigilance de toute une rédaction. Avec les séries du célèbre Dick Wolf en fin de soirée, ce sont là ses seuls moments de relaxation. Le reste du temps, la télé est accaparée par les autres occupants de la maisonnée. Que ce soit les deux adolescents – le foot pour l'un, les programmes pour jeunes pour l'autre – ou son mari, qui ne jurait que par le journal de 20 heures de la RTI, la radiotélévision ivoirienne.

* * *

Ce soir, j'ai fait l'impasse sur la soirée devant le petit écran. Je préfère être au calme et repenser à ma première journée de travail, m'interroger sur le bien-fondé de ma démarche. Le chronomètre tourne hélas trop vite quand l'introspection démultiplie les rouages du temps : il est soudain bien tard. Au plus profond de mon corps pourtant habitué à l'effort et jamais avare d'actions, je ressens le poids de cette matinée plus harassante que je ne m'y attendais. Dans six heures et demie, je vais devoir me relever pour retourner à Sainte-Périne. Aurai-je repris des forces, serai-je prêt à repartir au combat ? Malgré la fatigue, je ne parviens à trouver ni le sommeil ni les réponses à mes questions.

Alors je traîne encore un peu sur les réseaux sociaux. Je réponds à deux-trois textos que j'avais volontairement ignorés dans la journée.

Quand je relève la tête, il est presque minuit et demi, déjà. Je me rends compte que j'ai oublié l'anniversaire de Greg, un vieux pote…

Je sais qu'il ne m'en voudra pas, il comprendra.

Allez, au lit. Un podcast du *Moscato Show* dans les oreilles. Mais j'entends à peine l'accent rocailleux de l'ancien international de rugby, devenu l'un des animateurs vedettes de RMC… Je sombre enfin.

Frottements

Reprit ensuite et au fil des jours cette valse lente dont je devenais le cavalier, menant la danse des rampes, des poignées et des interrupteurs.

Qu'y a-t-il finalement de plus anonyme, de plus insignifiant qu'un interrupteur à nettoyer ? L'objet est banal, le geste décisif ou presque. Les petits boutons sont partout, dans les longs couloirs, dans les pièces de service, et évidemment dans les chambres… Ici, ils sont de qualité. Des Legrand, à griffes. Avec le carré de plastique blanc qui ne bascule que sur sa partie inférieure. Ce qui veut dire que pour éteindre comme pour allumer, le mouvement reste le même. Petit à petit, je développe une technique particulière pour éviter de plonger patients et soignants dans la pénombre : je bloque la partie supérieure du bouton avec ma main gauche puis frotte le carré avec mon chiffon de la main droite. L'ingéniosité de l'homme ne se démontre plus : ainsi la partie basse ne peut plus bouger.

En plus des objets dont j'ai la prérogative, je prends la liberté de m'attaquer à des objets fascinants dont absolument personne ne m'avait vanté l'existence. Les extincteurs. Une sorte de lubie, une addiction presque : de manière incompréhensible, je suis attiré comme un aimant par le rouge écarlate de leur réservoir. De mon propre chef, j'ai décidé de tous les dépoussiérer. Après mon passage, le métal doit luire sous les néons. Et le plastique des poignées resplendir. Je ne laisse rien au hasard, et passe partout. Mon chiffon sur le percuteur, puis sur la poignée qui sert aussi pour le transport, sur la goupille de sécurité, sur le corps du robinet. Ensuite je m'attaque au réservoir de l'extincteur lui-même. Le chiffon glisse tellement facilement sur le métal que parfois il m'échappe. Je finis par la buse, puis par la gâchette, enfin par le tuyau. J'y passe un temps fou.

J'ai échafaudé un scénario pour justifier cette étrange et minutieuse monomanie. Je me disais que si un matin une aide-soignante débordée oubliait un croissant dans un four et qu'un incendie s'y déclenchait, il serait certes rapidement circonscrit. Mais l'agent hospitalier, se saisissant de l'extincteur pour accomplir son acte de bravoure, pouvait tout à fait être porteur du mal. Et s'il déposait, dans la précipitation, des germes sur la poignée de l'extincteur ? Ou sur la goupille de sécurité ?

Que se passerait-il alors ? L'agent qui viendrait ensuite changer l'extincteur désormais vide ne se retrouverait-il pas exposé au Covid-19 ? À mes yeux, il n'en était pas question. Un vulgaire appareil anti-incendie ne deviendrait pas le propagateur du mal. Alors, seul face aux extincteurs, je continue mon étrange ballet. Durant les premières semaines, dans mon jusqu'au-boutisme, je les nettoie même tous les jours avant de progressivement réduire la cadence. Une fois par semaine. Le samedi.

* * *

Ma première semaine se termine. Nous sommes justement samedi, il est 11 h 35. La journée de travail touche à sa fin. Le samedi, l'employeur ne paie que jusqu'à midi. Je vais pouvoir profiter à fond de mon premier week-end de confinement. Dans un espace-temps rapetissé car le dimanche est l'unique jour de repos des combattants. Se battre contre la pandémie réclame une assiduité de presque tous les instants, six jours sur sept dans notre cas…

Je sais que j'ai besoin de faire une pause, je boite de plus en plus. Cela n'est pas nouveau, mais s'accentue : je claudique depuis plusieurs semaines. Pendant le voyage au Brésil déjà, les escaliers en colimaçon et les montées agressives dans les favelas étaient devenus de véritables supplices. J'avais tenté de le dissimuler, à moi autant qu'aux autres, mais cacher ses maux ne les fait pas disparaître.

Ce n'est que la réminiscence de cette blessure reçue lors du dernier match joué. Un placage appuyé d'un adversaire qui s'étale de tout son poids sur mon genou gauche. Le strap du kiné ne m'avait été d'aucun secours. J'avais dû sortir et laisser mes partenaires finir sans moi.

Cette entorse du genou ressentie presque à chaque pas dans les couloirs de l'hôpital me ramène sans cesse à mes souvenirs de sportif. Malgré la douleur de plus en plus insistante, le rugby, ce sport dont j'ai tardivement fait mon métier, me manque et m'obsède.

J'ai commencé à y jouer à 22 ans. Trop tard sans doute. Sur les conseils d'un camarade de la fac de sport que j'avais accompagné lors d'un tournoi universitaire, j'avais été intégré à l'équipe et avais pu disputer quelques mi-temps. J'avais, selon les dires, tiré mon épingle du jeu. Mon camarade avait alors essayé de me convaincre de le suivre et de prendre une licence dans son club, le RC Drancy, en Seine-Saint-Denis.

D'abord réticent, j'avais fini par me laisser persuader. Et je ne le regretterai jamais.

Je découvris un univers nouveau. En acceptant de quitter le confort et la chaleur des salles de basket, que je fréquentais depuis quelques années, pour le froid et la boue des terrains de rugby, j'eus comme une révélation. La notion de combat collectif, malgré la disparité des postes et des caractères – devant les soudards, les gaillards, les hommes puissants et forts qui forment le pack, derrière les artistes, les funambules, véloces, virevoltants, adroits –, la perspective d'une lutte permanente, seul ou en groupe, les mêlées où l'on pousse pour dominer l'adversaire, les chevauchées ballon en main, les victoires qui font oublier les défaites… Ma morphologie, poids et taille, m'a conduit à évoluer comme troisième ligne, devant. À l'aile ou au centre, peu m'importait, il s'agit d'un poste tactique, qui assure le lien, ou la liaison entre les cinq grognards de devant – les trois qui jouent en première ligne et les deux deuxième-ligne – et les créatifs de derrière.

Il ne m'aura guère fallu de temps pour m'acclimater. Deux petits matchs en équipe réserve et me voilà jeté dans le grand bain de la Fédérale 3, le cinquième échelon national. Pour le sacro-saint match du dimanche à 15 heures et pour une montée immédiate en fin de saison en Fédérale 2. Une aventure humaine exceptionnelle, des rencontres, des amitiés, des histoires, des anecdotes qui irriguent les souvenirs. Des bagarres homériques bien sûr, sur le terrain, que l'on gommait dès le coup de sifflet final en se serrant la main quels qu'aient été les gestes et les coups échangés. J'étais un furieux, un épidermique, un peu fou peut-être.

J'aimais distribuer mais je recevais aussi, c'est le lot de ce sport de gaillards. Je me souviens ainsi d'une fois, à Vitry, où un adversaire me marcha littéralement « sur la gueule » avec ses crampons, je lui en voulais tellement que je m'apprêtais à lui rendre la monnaie de sa pièce une fois le match terminé. Mais lorsque l'arbitre siffla la fin du temps réglementaire, mon bourreau s'approcha vers moi avec un sourire désarmant et me tendit la main en lançant un « bien joué » qui me désarçonna. Je ne sus que répondre à son geste et lui serrai la main…

Des moments de grands plaisirs, ou de grands bonheurs, j'en ai connu mon lot. Classiques souvent dans le monde du ballon ovale, lorsqu'une horde de furieux à la vingtaine frémissante se retrouvent ensemble. Comme cette fois où, en rentrant en TGV d'un match victorieux à Nancy, le préposé au wagon-bar n'avait pas résisté longtemps devant les coups de boutoir incessants de mes camarades pour obtenir toujours plus de bières. Il avait capitulé en nous abandonnant son poste. L'appellation « open bar » ne m'avait jamais semblé aussi vraie qu'à cet instant. Quant à l'addition qui arriva au club quelques semaines plus tard, elle était plus salée que les chips dont je m'étais goinfré pendant le trajet.

Je vécus au cours de ces années d'apprentissage des moments inoubliables avec une bande de mecs, que dis-je, une bande de fous, dans une ambiance qu'aujourd'hui encore je qualifierais d'unique.

Au-delà de ce qui se passait sur le terrain, il y avait ce petit grain qui nous unissait tous, une forme d'osmose polie sous la pluie comme dans la boue, fruit de cette tempête de sentiments rapprochant les hommes qui luttent contre l'adversité pour conquérir des souvenirs communs.

À chacun de bâtir ses propres épopées. Nous nous réjouissions de passer du temps ensemble, nous en redemandions.

C'est par la grâce de ce monde de l'ovalie, et même si j'ai toujours pratiqué des activités physiques depuis ma plus tendre enfance, que j'ai découvert ce qui allait devenir comme l'essence de mon existence.

Plus jeune, au quartier, comme tous les enfants j'étais passé par la case foot. Dans ces cages grillagées qui fleurissaient un peu partout dans les squares parisiens pour contenir notre fougue et pour éviter que nos « Corners », c'était le nom de nos ballons en plastique, partent dans tous les sens, j'userai shorts, T-shirts et chaussures jusqu'à la corde ou jusqu'à la semelle. Comme au CIS, le Centre d'initiation sportive, ce programme de la ville de Paris qui permettait de s'adonner à des sports le mercredi et pendant les vacances scolaires. J'y ai découvert le tennis de table, le badminton, la natation mais surtout le basket. Jusqu'à ce que le foot me rappelle à l'ordre, pour me conduire jusqu'à Clairefontaine, le Centre national du football français, pour un tournoi de jeunes censé dénicher quelques futurs talents. Ceux qui le disputèrent eurent droit en cadeau à la prise en charge financière d'une licence pour la saison suivante. Elle servit à payer ma première licence de… basket. Lorsqu'un membre de la Fédération française de football appela à la maison pour me demander dans quel club de foot j'aimerais m'inscrire, je lui répondis que je voulais jouer au club de basket de Championnet, dans le XVIIIe arrondissement. Imaginez la surprise de mon interlocuteur. Comme beaucoup d'enfants, lors des jeux Olympiques de Barcelone de 1992, la Dream Team de Magic Johnson et de Michael Jordan m'avait littéralement subjugué.

C'était décidé, un jour, moi aussi, je deviendrais une star du basket.

Ce ne fut pas le cas.

Le rugby à la place me procura très vite un ressenti particulier sur lequel je peine à poser des mots, car se mélangent les frissons conquérants qui vous saisissent à même la peau, la stimulante activité des muscles qui vous fait avancer, les circonvolutions de l'esprit qui animent les moindres gestes. J'ai pourtant commencé à jouer dans un club amateur de banlieue, bien éloigné de l'image très « Sud-Ouest » véhiculée par les historiens de la chose. Le RC Drancy ne connaissait pas les accents chantants du Béarn ou de la Bigorre, ici, ça ne sentait pas le cassoulet ou la garbure. Ici, c'était le stade Guy-Môquet, du nom du jeune résistant communiste fusillé par les nazis, ici c'était la banlieue au nord de Paris. Au cœur du 9-3.

Mais, ici, ce fut aussi comme une seconde naissance. Elle allait m'apporter ce surcroît de bonheur que tout être humain recherche parce qu'il l'a choisi… Ce petit supplément d'âme et de vagabondage qui me suivra tout au long de mes pérégrinations. Car le rugby est un sport qui va me faire beaucoup voyager.

L'Allier, le Loiret, l'Hérault, le Val-d'Oise, l'Aude et l'Essonne, ces départements m'ont compté parmi leurs habitants à un moment donné. Avec en filigrane le sempiternel mode de fonctionnement : lorsque je quittais la région parisienne pour aller jouer dans un club de province, il fallait ensuite que je quitte la province pour revenir vers Paris. Toujours.

Je quittai ainsi Drancy pour Montluçon. Puis je revins à Domont. De Domont, je partis pour Orléans, avant de signer à Massy. De Massy, je m'envolai pour Béziers.

Avant de revenir dans le 91 pour ensuite mieux repartir une seconde fois dans l'Hérault. Enfin, un dernier mouvement me vit devenir joueur du Stade Français avant d'atterrir à Carcassonne, là où je vis désormais lorsque je ne suis pas confiné.

Avant un ultime retour en région parisienne ? Probablement, mais sans doute pas pour jouer au rugby. Carcassonne sera mon dernier club professionnel. J'ai décidé de raccrocher les crampons à la fin de la saison 2020-2021. Et de préparer le diplôme d'agent de joueurs, en même temps que celui de coach. Rattrapé par l'âge, prétendront certains ; parce que j'ai la sensation d'avoir tout donné, répondrai-je, et que je n'étais pas prêt à jouer les doublures, ce rôle plutôt ingrat si souvent dévolu aux joueurs en fin de carrière. Sans évoquer la peur de la blessure, omniprésente : mon corps a beaucoup souffert, il est grand temps de lui donner un peu de répit.

En deuxième semaine

Une dizaine de jours après mon arrivée, Couz m'a remis un double des clés du bureau/salle de repos/salle de réunion. Comme si je montais en grade. Cela m'évitait de l'attendre devant la porte lorsque je venais prendre un café pendant ma pause. Mais je préférais quand il était là, cela me permettait de souffler, hors de ce temps lourd. Nous nous retrouvions dans ce qui tout d'un coup devenait « son » bureau. Pas de Doukara qui parle fort, pas de Mariam – c'était le prénom de ma *Chéri coco* – venue prendre son petit déjeuner, pas même de Zaky scotché sur son iPhone. Rien que lui et moi. Couz alors se lâchait.

– Tu sais, Couz, les gens ne veulent pas travailler. Ils craignent la mort. Mais qui n'a pas peur de la mort ? Moi j'ai deux filles ! Hein ! Mais la maladie peut te prendre partout ! Ces gens-là sont bêtes !

– C'est sûr Couz, il faut s'en remettre à Dieu. Qu'il nous protège !

– Ça fait dix-sept ans que je suis ici. Avant, je faisais mon travail dans mon coin. Personne ne me disait bonjour ! Même pas la dame de l'accueil !

– Ça ne m'étonne absolument pas d'elle, tiens ! grommelai-je.

– Personne ! reprit-il. Mais aujourd'hui regarde ! Regarde ! (Il me montre ses deux téléphones.) Je ne peux même pas respirer. Toutes les deux minutes, ça sonne !

Effectivement, son téléphone ne s'arrêtait pour ainsi dire jamais. Il était sollicité de toutes parts. Les défections étant nombreuses, ses supérieurs lui mettaient une pression énorme pour qu'il déniche au plus vite du personnel afin de remplacer les absents. Couz faisait presque office de DRH, mais sans le salaire qui correspondait à la fonction.

Il devait sans cesse activer son réseau : pour faire du nettoyage, l'entretien d'embauche se résume bien souvent à la photocopie de votre pièce d'identité et à votre carte Vitale. Pas de CV, pas de lettre de motivation. Pas de bilan de compétences ni de « nous vous recontacterons ». La plupart du temps, Couz recrutait au sein de la communauté ivoirienne de Paris. Plus précisément, la communauté du Worodougou. La sous-région du nord-ouest de la Côte d'Ivoire dont nous étions originaires, comme quasiment tous les autres dans ce service. Mariam, Djeneba, Fatoumata, Zoumana, Karamoko étaient aussi du Worodougou. Tous et toutes étaient réputés pour être des gens courageux et travailleurs.

C'est probablement ce qui avait poussé Couz à téléphoner à sa belle-sœur pour qu'elle lui offre sur un plateau son frère et son fils.

* * *

Un matin suivant, dans les couloirs de Rossini, je fais la connaissance d'un patient en chaise roulante. C'est un homme costaud, d'origine africaine, les cheveux crépus et grisonnants, la soixantaine. Togolais ou béninois. C'est quelque chose que nous, les Africains, devinons aisément. Souvent, je bluffe mes amis non africains avec ça, en reconnaissant le pays d'origine d'un congénère rien que par les traits de son visage ou par son morphotype. Mandy, mon ancienne petite amie, n'en revenait pas et me disait toujours que c'était un coup de chance.

Une fois, alors que nous faisions des courses, je lui avais fait remarquer que le vigile à l'entrée du supermarché était ivoirien. Aussitôt elle avait mis ma parole en doute.

– Comment peux-tu en être aussi sûr ?

– Écoute, je ne suis pas sûr à 100 %, mais à 98,7 %. Je pense que cet homme est originaire du même pays que moi.

– Ben, vas-y, demande-lui.

– T'es sérieuse là ?

– Ben, oui ! Puisque t'es sûr à 98,9 %.

– Virgule 7.

– Ouais, virgule 7, va le voir !

J'avais mieux comme plan. Plutôt que de demander : « Bonjour vous êtes ivoirien ? », j'avais adopté une autre stratégie.

– Attends, tu vas voir.

À l'entrée du magasin, au moment de passer devant le vigile, un petit monsieur en costume sombre, cravate noire et lunettes de l'inspecteur Derrick sur le nez, je lance :

– Mon vieux père c'est comment ! Et le bara ? lui demandé-je.

– Fils on est là, on kétè. On va faire cohan.

– Y a foye, mon vieux, on est ensemble…

Traduisez :

– Comment vas-tu mon cher aîné ? Et le travail ?

– Je suis là, mon bon jeune. On se débrouille. On n'a pas le choix.

Et moi de conclure :

– OK cher aîné, tu as tout mon soutien.

J'avais une fois de plus tapé dans le mille. Un regard du coin de l'œil à Mandy pour lire l'agacement sur son visage avait suffi à mon bonheur. Pour elle, sans tomber dans un racisme ordinaire, rien ne ressemblait plus à un Sénégalais qu'un Béninois ou un Tchadien. Thierry Roland n'aurait sûrement pas renié cette phrase.

Ce jour-là, à Rossini, mon malade est définitivement de l'Afrique de l'Ouest. Mais le doute subsiste sur son pays d'origine ! La seule chose certaine, c'est qu'il est sédentaire. Cela fait maintenant trois semaines que je suis là, et je ne l'ai jamais vu rouler avec son fauteuil. À chaque fois que je le croise, il est avachi sur son siège. Parfois avec un bonnet sur la tête. Toujours avec des gros gants en cuir. Il dort. Ronfle parfois. Bruyamment. Mais reste toujours immobile.

Le plus étrange, c'est que je le trouve régulièrement en des endroits sans cesse différents. Plusieurs fois par jour. Toujours en train de roupiller. Toujours dans la position du père de famille qui s'endort après le dîner pendant le journal de 20 heures et qui, dès que vous changez de canal, se réveille et grommelle : « Hey ! Qui a changé de chaîne ? » Manifestement mon malade se déplace. Ou alors quelqu'un l'aide à bouger.

Le matin, à 6 h 30, je pouvais le croiser à l'accueil. Et tout aussi bien le retrouver une heure plus tard dans la salle de vie de la maison 2 de Bizet. Dormant toujours aussi profondément. Pareil le jour suivant. Il pouvait m'accueillir dans le petit salon à Verdi. Un accueil relatif, me direz-vous. Et je le recroisais ailleurs à 13 h 15 quand je remontais à la surface au moment où j'en avais terminé avec ma journée de travail.

En deuxième semaine

Inexplicables téléportations… Je me perdais en conjectures. Si bien que c'était devenu un objectif secret pour moi : je tenais à le voir se déplacer.

Allez monsieur ! Un p'tit effort ! Un petit mètre. Juste un tour de roue histoire de me rassurer. Non ? Pas grave. Je réessaierai demain.

Les moyens du bord

Aujourd'hui, nous avons reçu de nouveaux masques. La frénésie médiatique qui entourait la pénurie était jusqu'alors sans précédent : les chaînes d'info insistaient sur le manque de matériel, épinglaient les trafics, vilipendaient les spéculateurs. À Sainte-Périne comme à Rossini, nous n'en avons pourtant jamais manqué. Dans chaque service, sur une étagère placée à chaque entrée, une boîte est posée, certaines taguées au nom du bâtiment. Chopin, Verdi, Debussy : il est hors de question qu'un service s'approprie celle qui ne lui est pas destinée.

Ce que j'avais pu constater en revanche lors de mes premières matinées de travail, c'est que la pénurie touchait beaucoup plus les surblouses, ces tenues en polypropylène que l'on a tous déjà enfilées pour subir un acte chirurgical, un scanner ou une IRM. À usage unique et, par définition, jetables. Ici leur utilisation est bien différente : l'épithète « jetable » a été congédiée pour être remplacée par le mot « réutilisable » ! Allant ainsi à l'encontre de toute règle sanitaire élémentaire. L'hôpital, symbole du service public de l'une des plus grandes puissances économiques de la planète, en était réduit à ça : il m'est arrivé d'entrer dans des vestiaires pour astiquer les poignées et de voir des surblouses tantôt sur les portants, tantôt accrochées à des portemanteaux. Et sur lesquelles des vignettes autocollantes avaient été apposées – les mêmes que l'on collait sur nos protège-cahiers à l'école. Parfois avec le nom du propriétaire, parfois simplement avec un signe distinctif.

– Ben non, c'est la mienne. J'avais collé un bout de sparadrap sur le col.

– T'es sûre ? Moi j'avais retourné les manches exprès…

Ce matin-là, Couz a réuni l'équipe dans son bureau pour un cérémonial dont il a le secret. Il a reçu du matériel pour les collègues qui nettoient les chambres. Ne m'occupant pas de leur propreté, je ne suis pas concerné. Très vite, je m'en félicite.

Car Couz ouvre le premier carton. Il déborde d'une masse bleu électrique qui s'effiloche au fur et à mesure qu'il met sa main dedans. Il en sort des petits rouleaux de plastique. Qui ressemblent étrangement aux sacs des poubelles de salle de bains.

« Voilà ! » dit-il triomphalement, en plongeant sa main comme s'il allait chercher quelque chose au fond d'un premier sac. Mais au lieu de s'arrêter, sa main le traverse, jusqu'au poignet. Il déroule alors le reste du sac jusqu'à son épaule, tend le bras devant lui pour que tout le monde apprécie : son manchon épouse parfaitement le galbe de son bras.

Mariam s'est alors esclaffée.

– Mais Meïté, c'est le carnaval de Dunkerque ?

Je suis encore en train de rire en me demandant comment diable elle connaît le carnaval de Dunkerque que Couz a déjà enfilé le deuxième manchon et s'attaque au plus gros de son accoutrement.

Un sac-poubelle, comme ceux que vous trouvez dans le commerce, complète la panoplie. Le fond a été ouvert, pour y enfiler la tête, et les côtés, pour laisser passer les bras et les manchons.

– Voilà les surblouses ! s'exclame Couz. C'est la nouvelle collection ! Ça vient de Marseille. Même Raoult a porté ça quand il opérait !

Couz plaisante. Mais en dévisageant les membres de l'équipe, j'ai le sentiment que nous n'avons pas tous le même sens de l'humour.

En tant que chef d'équipe, Couz se sent obligé d'être hyper-enthousiaste. Motivé autant par le désir de se faire bien voir par la hiérarchie que par la volonté de convaincre son équipe qui verse ce matin-là dans un scepticisme bien compréhensible !

– Quoi ? Mais je ne peux pas porter ça ! renâcle Diawara, C'est n'importe quoi !

– Toi, je savais. Quand les gens vont à gauche, tu prends à droite, lui répond Couz.

– Pour une fois je suis d'accord avec Diawara, appuie Doukara. Ce n'est pas possible. On ne sera pas à l'aise pour travailler…

– Les soignants vont l'utiliser et, vous, vous ne voulez pas ? C'est le monde à l'envers, renchérit Couz.

Zaky, toujours aussi discret, ne dit pas un mot mais ne perd pas une miette de la conversation.

– Chéri, qu'est-ce que tu en penses ? me demande soudain Mariam.

Bien sûr à dessein. Elle avait compris que j'étais le seul dont Couz prendrait les paroles pour argent comptant. Je suis son unique espoir pour lui éviter de se trimballer vêtue de sacs-poubelle.

– Ben… euh… C'est vrai que, dans certains hôpitaux, ils sont habillés ainsi, je l'ai vu hier à la télé. Mais ils avaient fabriqué ces tenues eux-mêmes.

Je sens la déception dans le regard de Mariam.

En effet, quelques jours auparavant j'avais suivi dans l'émission *Sept à Huit* un reportage sur des soignants qui avaient remplacé leurs surblouses par des sacs-poubelle grossièrement découpés. J'avais halluciné.

Du coup les agences de santé n'étaient pas restées les deux pieds dans le même sabot et, suivant l'exemple, certaines avaient lancé la fabrication de ces surblouses de fortune. Avouant *de facto* leur impuissance à régler le problème de pénurie qui frappait les soignants.

La discussion terminée, le nouvel uniforme enfilé, la dispersion des troupes eut quelque chose de tragiquement hilarant. Des épouvantails bleus s'éloignèrent avec leurs chariots de ménage. Moi, le préposé au briquage de poignées, je l'avais échappé belle.

Je n'étais pas si mécontent.

* * *

« Jacqueline Mingot ».

Je viens de m'apercevoir que certains patients ont leur nom accroché sur l'encadrement de la porte de leur chambre. Je ne peux pas m'empêcher de penser qu'avoir droit à ce petit privilège à l'entrée de l'unique pièce où vous passez votre vie signifie un séjour longue durée.

Jacqueline est recroquevillée entre ses draps. Le cou tordu, les yeux rivés sur l'écran suspendu. À croire que c'est la hauteur de la télé qui l'oblige à se contorsionner.

Jacqueline n'a même pas remarqué ma présence. Face au torrent ininterrompu d'images, je ne tiens pas la comparaison. Je repars comme je suis venu.

La plupart des télés sont allumées. Avec en point d'orgue le combat de titans qui oppose Jean Luc Reichmann à Nagui. Autre marqueur temporel pour moi. Quand sonnent *Les 12 Coups de midi* ou quand *Tout le monde veut prendre sa place* commence à fleurir sur les écrans, cela signifie que je rentre dans la dernière heure de ma mission. Les deux présentateurs historiques du PAF, le premier sur TF1, le second sur France 2, sont devenus les accompagnateurs précieux de ceux qui n'ont plus personne. Je ne regarde jamais ces émissions. Ni la bonhomie surjouée de l'un ni les blagues pince-sans-rire de l'autre n'ont jamais trouvé grâce à mes yeux comme à mes oreilles. Mais à force de les « côtoyer » à Sainte-Périne, à force de constater qu'ils irradiaient parfois le quotidien même de ceux qui sont le plus mal en point, mon estime pour eux a emprunté le chemin ascendant de la reconnaissance.

* * *

– Bonjour Chef, dit Zaky.

– Bonjour ! rajouté-je.

– Ouais, bonjour les gars ! répond Couz.

Mariam est là aussi.

– Bonzour mes chéris ! Ça va ?

– Ça va ! (Réponse collégiale…)

– *Al hamdoulilah !*

Ce matin, comme tous les matins, les employés arrivent au compte-gouttes dans la pièce de vie, pendant que je fais bouillir l'eau du café. Survient Sidibé, un jeune homme originaire du Mali. Grand et mince, plutôt discret, avare en sourires.

– Bonjour.

– Ah Sidibé, ça tombe bien ! Hier, au deuxième, les gens se sont plaints. De ton travail et de celui de Mama Mendy. Ils disent que les chambres sont dégueulasses… Donc ce matin, on va monter ensemble pour voir ce qui se passe.

Sidibé reste interdit. Je jette un regard de désapprobation à Couz, l'air de lui dire : « C'est moyen comme accueil matinal non ? »

Ainsi commencent parfois les journées à Rossini.

Mama Mendy est aussi dans le collimateur de Couz. La pauvre ! Mama Mendy, c'est notre maman à tous. La doyenne de notre équipe. Elle n'est pas encore arrivée, elle arrive toujours après nous. Le mince apanage de l'âge. Je prie pour que Couz ne l'alpague pas comme il vient de le faire avec Sidibé. Pour l'une comme pour l'autre, c'est en effet profondément injuste. Je le sais car j'avais été témoin de la scène.

J'hésite à en référer à Couz. Tout est la faute d'une aide-soignante qui sème la terreur au deuxième. C'est elle qui cherche des noises à tout le monde. Mon parti pris est assumé, j'ai trop de tendresse pour Mama Mendy. Même si je ne la croise que très brièvement, deux à trois fois par jour pendant le service, je l'admire, la respecte parce que je la comprends, sa vie ressemble à tant d'existences que j'ai connues. C'est une femme courageuse, forte et silencieuse. Qui s'acquitte de sa tâche sans jamais rien dire, sans jamais se plaindre. Elle se lève très tôt chaque matin, passe plus d'une heure dans les transports car elle habite au-delà de la deuxième couronne parisienne, immense excroissance qui ne fera même pas partie du fameux Grand Paris quand sera sortie de terre cette création urbanistique englobant les banlieues les plus proches de la capitale. Le travail terminé, rebelote dans le sens inverse, elle rentre s'occuper de ses enfants. Certains sont ados. D'autres plus jeunes. Ils sont nombreux en tout cas, certains maldisants oseraient même prétendre qu'ils le sont trop.

Elle leur prépare à manger. Le même plat chaque soir, faut bien finir la sauce de la semaine. Car chez Mama Mendy, on prépare une sauce par semaine. Et ensuite on fait du riz dans l'autocuiseur. « Quelle merveilleuse invention, l'autocuiseur », se félicite sa fille la plus âgée. Sa mère lui rappelle qu'à son époque à elle, la Cocotte-Minute était réservée aux nantis.

Mais il faut aussi donner le bain aux plus jeunes avec le concours pas toujours très efficace des plus âgés. Téléphoner à une amie pour se plaindre de son employeur qui ne prend jamais sa défense. Se coucher. Et recommencer le lendemain. Telle est la routine de Mama Mendy. Une combattante qui ne dit pas son nom. Pourtant elle le porte sur elle. Dans sa façon réservée de s'adresser à nous, ses enfants ou ses collègues, dans sa manière de se mouvoir avec lenteur mais avec détermination. Dans ce dos qui se voûte.

À Mama Mendy, je souhaite, comme à ma mère, une retraite anticipée, pour qu'elle puisse elle aussi se reposer sur ses enfants. J'espère qu'un de ses fils devienne chef dans une grande brasserie parisienne, comme mon petit frère. Que l'autre devienne sportif professionnel comme moi. Que sa plus grande fille, son lieutenant de toujours, devienne cheffe émérite d'une équipe d'agents d'escale dans l'un des plus gros aéroports du monde, comme Nok.

Qu'ils deviennent électrotechniciens ou conseillers Pôle emploi comme Fationta, ma sœur cadette. Que tous ses enfants réussissent d'une manière ou d'une autre. Afin que la voûte de son dos ralentisse sa course et que Mama Mendy soit libérée de Paola, l'aide-soignante qui cherche à lui faire des misères…

Quand Couz en a eu fini avec ses remontrances qui n'en étaient pas, il avait réussi à se retrouver dans le même camp que Sidibé et Mama Mendy, tout en expliquant qu'il était obligé par sa hiérarchie de trouver des solutions pour le bien de tous. Je le voyais comme une sorte de Casque bleu édulcoré, maintenant une paix sociale qui ne tenait parfois à rien. Il exhorta Mama Mendy et Sidibé à arrondir les angles avec Paola tout en les assurant de son soutien inconditionnel.

Couz devait contenter tout le monde, homme de grands écarts dont seul il avait le secret.

Satané rhume !

Aujourd'hui, je le sens mal ; je suis enrhumé et ne cesse de renifler. Mes sinus ne fonctionnent qu'à un faible pourcentage de leurs capacités, et c'est assez incommodant. J'essaie bien de respirer par la bouche, ce qui est non seulement bruyant mais en plus peu évident avec le masque chirurgical…

– Bonjour.

– Oui, ben vous voyez avec Elsa pour voir comment vous pouvez faire, hein. Je pense qu'on ne pourra pas gérer le 2 et le 3.

Je toussote bruyamment et réitère mon salut.

– Bonjour ! Excusez-nous, on était prises dans la conversation.

– Aucun problème.

Pour la peine, vous aurez le droit à un petit aller-retour dans le noir, allez hop ! Pression sur le va-et-vient de l'interrupteur.

– Avec Kamel on va essayer de faire 1, 2, 6 et 5.

J'abandonne les soignantes à leur organisation.

Et je renifle encore, pour éviter l'écoulement malencontreux.

Dans sa chambre, une patiente en robe de chambre, très âgée, s'adresse à moi en des termes incompréhensibles. Je lui réponds que je vais faire venir une infirmière. Mais je n'en ferai rien, car qui suis-je pour analyser l'état d'urgence de son appel ? Je laisse les infirmières à leurs occupations, et je reste à la mienne.

Je rentre en mode automatique. L'extincteur glisse sous mon chiffon. La poussière disparaît, j'enchaîne, pénètre dans une chambre sans prendre garde, trompetant du nez. Je regrette aussitôt d'être entré par effraction sonore : la pièce est occupée par une dame si recroquevillée sur elle-même que l'oreiller paraît gigantesque. Je ressors sur la pointe des pieds, de peur de la réveiller.

Je lance quelques bonjours à la cantonade entre deux reniflements. Je repense à tous ces moments où je respirais normalement et que je considérais comme un acquis. Je négligeais cette respiration pleine, franche et fluide. Aujourd'hui elle me manque…

Je viens de finir Rossini en deux heures à peine. Le plus gros reste à venir.

Sainte-Périne, l'éternel gros morceau, se présente devant moi. J'enfile une paire de gants neuve sous le regard de l'agent de sécurité. Elle me fixe comme si elle s'attendait à ce que j'échoue dans mon entreprise.

Comme ses frères, le gros extincteur qui trône dans le hall d'entrée est à son tour épousseté. Je vois sur un adhésif posé sur le cylindre rouge qu'il a été installé par la société DEF. Un souvenir remonte à ma mémoire : il y a quelques années, lors de mon unique saison au Stade Français – une saison de misère, mais là n'est plus la question, j'y reviendrai peut-être plus tard –, j'avais effectué un stage en entreprise dans le cadre d'une formation entamée avec Provale, le syndicat des joueurs de rugby. Pour préparer une reconversion dont j'ignorais encore la teneur, j'avais ainsi passé quelques jours au sein de la société Alligator, une filiale de cette même DEF dirigée par Mamadou Diagne, un ami d'enfance. Alligator était spécialisée dans la gestion des issues de secours, en cas d'incendie. Qui aurait alors pu imaginer qu'un jour je me retrouverais dans la position de l'homme qui lustre ces dispositifs antifeu sur lesquels, à l'époque, je ne levais même pas un cil. Ainsi passe la gloire du monde, comme on dit…

Je renifle toujours bruyamment et cela m'agace. Se moucher implique d'ôter les gants, d'enlever le masque pour en changer. Je préfère attendre un peu.

Dans le hall, un piano à queue marron prend une place imposante. Je n'avais même pas remarqué sa présence. La poussière qui recouvre les notes indique pourtant qu'il est là depuis un certain temps. *Ebony and Ivory*, il faut que ça brille et que cela soit propre. Je me surprends à faire du zèle. Ça sera probablement la dernière fois que je le nettoierai.

Mes salutations continuent à faire dans le timide, en sourdine, je ne veux pas que quelqu'un se rende compte de mon rhume. Ma respiration, bruyante elle, me trahit.

Je reprends en sens inverse le couloir que je viens d'arpenter. Au bout de celui-ci, le service dentaire. Et la salle de pause. Elle est ouverte. La porte est bloquée par un pèse-personne. Une boîte de bonbons posée sur la table me fait de l'œil. Je refuse l'invitation.

* * *

Changement de hall. Changement de rampe. La mauvaise, la vilaine, la méchante… Je n'aime pas. Mon chiffon non plus. Lui risque la déchirure, moi l'écharde. Personne ne doit poser sa main sur une rampe aussi moche. Et pourtant je dois la désinfecter. Telles sont les contraintes de l'aile droite du rez-de-chaussée.

– Ah merci ! C'est important.
– Je vous en prie.
– Bon courage.
– Merci.

Ça faisait un certain temps qu'on ne m'avait pas congratulé. Les gens se sont maintenant habitués à ma présence, j'en suis ravi.

* * *

« Et là, tu les vois tous en train de faire leur jogging ! Non, mais ça me fait rire ça ! Ils devraient venir voir ici un peu comment ça se passe. »

Affairé sur mes boutons-poussoirs et sur mes rampes, je laisse toujours traîner mes oreilles. Deux médecins qui passent maugréent contre ces nouveaux joggeurs qui pullulent partout et arpentent les moindres espaces à moins d'un kilomètre de leur domicile. Une manière pour les Français confinés de contourner la règle. J'ai du mal à leur en vouloir, ne suis-je pas dans le même cas, moi qui, à ma façon, contourne aussi le confinement pour aller travailler ?

Satané rhume !

* * *

Il ne reste au fond de mon seau qu'une eau froide et trouble. Ma journée va bientôt se terminer.

* * *

– Bonjour monsieur !

– Bonjour.

– Ça va ?

– Oui et vous ?

– Oui. Merci ! dit-elle en haussant les sourcils en signe d'approbation.

– De rien.

Les deux soignantes revenaient probablement de leur pause cigarette. Celle qui ne m'avait pas encore adressé la parole me demande :

– Vous n'avez pas de lingettes désinfectantes par hasard ?

– Non désolé, je n'ai que mes chiffons.

Elle me répond d'un sourire.

* * *

Face à l'ampleur de la tâche, je me mets à imaginer la distance qu'on pourrait atteindre si l'on mettait bout à bout toutes les rampes de l'hôpital. Probablement pourrait-on établir un pont sur le détroit de Gibraltar. Le tunnel sous la Manche ? Peut-être un peu court.

* * *

Un homme en blouse blanche se tient debout. Devant le poste de service. Il y fait la lecture de ce qui semble être une note. « … et il est recommandé de se laver les mains. »

– Bonjour monsieur, me lance-t-il sans même lever les yeux de sa feuille.

– Bonjour, réponds-je mi-surpris, mi-gêné.

La présence d'hommes parmi les soignants ne passe jamais inaperçue. À mes yeux cela représente une incongruité, tant ils sont sous-représentés. Bien sûr, outre les patients, je croise régulièrement des hommes dans l'hôpital. Mais ils sont magasiniers, livreurs de repas, blanchisseurs, techniciens de maintenance, agents de sécurité civile, agents d'entretien.

Rares sont ceux vêtus d'une blouse blanche.

Nul doute qu'il doit y avoir quelques médecins, docteurs ou autres professeurs, les organigrammes à l'entrée de chaque service l'indiquent. Mais je ne les rencontre que très rarement. L'hôpital est un milieu majoritairement féminin sans que personne n'y trouve quoi que ce soit à y redire.

* * *

Des râles se font entendre depuis l'extérieur : *Aaah aaaah aaaah aaah.*

La porte est entrouverte. Mais je ne rentre pas. De peur de voir quelque chose qui me déplairait. Quelque chose qui mettrait à rude épreuve ma persistance rétinienne.

Les râles, je ne m'y habitue pas.

Je plonge ma main chiffonnée dans le seau d'eau savonneuse. Je me demande comment le personnel soignant fait pour s'isoler de la douleur…

Satané rhume !

* * *

– Où est le personnel qui s'occupe de nous ?

Cette interpellation m'extrait de mes considérations sur la place de l'humanité dans l'hôpital public.

– Je vous demande pardon.

Un grand monsieur, la peau aussi noire que ses cheveux sont blancs, assis sur son lit, s'adresse à moi.

– Allô ?

– Bonjour.

– Où est le personnel ? Vous êtes docteur ?

Non pas vraiment, non. Son fort accent camerounais et ses charentaises trop petites aux pieds me le rendraient sympathique.

– Non monsieur. Je nettoie les poignées de porte.

– C'est normal, vous avez abandonné les études.

L'étonnement se mêle à mon sourire. Je ne m'attendais pas à une telle repartie.

Alors que je quitte les lieux, je croise ledit personnel qui accourt vers lui.

* * *

J'enchaîne les chambres. Beaucoup de leurs occupants sont encore endormis.

Il y a cette dame aux mitaines qui est en train de régler sa station sur son transistor. L'appareil qu'elle manipule doit être bien plus vieux que moi. Et même s'il crache difficilement le son, il fonctionne encore. Je frotte la poignée de sa porte, brique l'interrupteur de sa chambre sans qu'elle remarque ma présence.

Je suis maintenant dans la chambre d'une femme âgée qui est assise sur son lit, elle en a redressé le dossier et fait face à la télé. La télévision est un appui, une présence, un réconfort. Bien plus donc qu'une fontaine sonore, dont ne jailliraient que des flots de stupidité.

Elle regarde *Les Z'amours* sur France 2. Quand je tourne la tête vers l'écran, je m'aperçois que ce n'est plus Tex qui présente, il s'agit d'un acteur que j'ai déjà vu dans des téléfilms mais dont le nom m'échappe. La patiente n'en a cure et boit les paroles de l'animateur. Elle porte une paire de lunettes dont l'un des verres est opaque. Cela lui donne un air de flibustière. Une carte postale d'un voilier avec l'inscription « Réunion » est punaisée au-dessus de sa table de chevet, il ne m'en faut pas plus pour la surnommer la Pirate.

* * *

J'arrive devant la salle à manger du personnel.

Une soignante finit son petit déjeuner.

Mon rhume est toujours présent. Il n'est pas parti, le bougre. Je pensais qu'il ne tiendrait pas la cadence. Qu'il me lâcherait la grappe en cours de route. Il n'en est rien. Il s'accroche aux bronches comme certains patients s'agrippent aux rampes que je désinfecte.

– Attention à vous !

Je m'écarte et je me plaque contre la rampe que je suis en train d'essuyer. Une collègue que je ne connais pas arrive avec son chariot de ménage.

– Sinon je vais vous repasser les fesses !

Rire gêné. J'ai reconnu la blouse Arc-en-Ciel des ASH, comme on dit pour anonymiser et réduire à trois pauvres lettres les agents de services hospitaliers. Blanche avec des revers de poche vert pomme. Mariam a la même.

Je n'ose pas me présenter mais je sais qu'on sera amenés à se revoir. Je retourne à ma tâche.

Les rampes de l'unité Balme sont en PVC et très faciles à nettoyer. Un régal pour mon chiffon et moi. Le service est divisé en trois avec une couleur différente pour chaque couloir. Jaune, vert et bleu ciel.

Idéal pour se repérer. J'ai commencé par le couloir jaune poussin. Toutes les portes des chambres de patients étaient fermées. Je ne me suis donc occupé que des poignées extérieures. Au bout de ce couloir jaune, la salle de repos. Elle grouille de monde. Surpris par le nombre de soignants attablés, j'hésite même à les saluer. Je cède et lâche un « bonjour » quasi inaudible. Pas de réponse. Peu importe. Au moins j'ai été poli. Je ne suis pas responsable de leur mauvaise audition. La mauvaise foi est une alliée précieuse.

Je partage mes reniflements avec les allées bleue et verte.

* * *

Les serrures à code sont toujours aussi chiantes à nettoyer.

* * *

La voix de Jean-Luc Reichmann qui parvient de la télé d'une des chambres me fait comprendre qu'il est midi passé. Pourtant je n'ai pas entendu les douze coups du clocher de l'église d'Auteuil.

Les petits salons prévus pour les familles sont toujours aussi vides. Sur l'une des tables, un magazine *Géo* titre : « Sur les chemins de la France sauvage ». À côté *Télérama* s'interroge : « Qu'est-ce qu'un bon film pour enfants ? »

Ensuite un flyer du club de basket de Boulogne-Billancourt. Je reconnais sur la photo la salle Marcel-Cerdan dans laquelle j'ai évolué plus jeune. On y voit un Nicolas Batum avec un T-shirt des Charlotte Hornets, la franchise NBA pour laquelle joue, en Caroline du Nord, le talentueux ailier français. Quand je pense que son boss, celui qui a racheté l'équipe, n'est autre que Michael Jordan en personne, j'en frémis.

Mon nez est toujours récalcitrant. Ça m'agace.

Un panneau m'avertit : « Attention sol glissant ». Mes chaussures de sécurité sont forcément antidérapantes, non ?

Hélène et le feu

Même si l'hôpital Sainte-Périne est spécialisé dans la gériatrie et la gérontologie, on y accueille aussi de « jeunes » malades. Parmi ceux-ci, il y a « Hélène-le-pompier » que j'ai surnommée ainsi parce que dans le petit salon qui précède la maison où elle loge désormais sont fixées des photos d'elle au milieu de vaillants soldats du feu parisiens. Des images joyeuses sur lesquelles Hélène respire la joie. On la voit dans son fauteuil roulant, casque sur la tête, entourée d'une bande de pompiers manifestement heureux de lui faire plaisir.

Hélène est handicapée moteur.

La première fois que je l'ai vue, elle était attablée dans la salle de vie, silencieuse. De la Danette autour de la bouche et sur le bavoir. Triste et drolatique à la fois. Elle attendait d'être débarbouillée.

– Hélène, tu as mangé comme un cochon, s'amusait l'infirmière. On va nettoyer tout ça ! Je nettoie ou tu nettoies ?

Hélène avait cligné deux fois des yeux. Signe que l'infirmière avait su interpréter. La communication passait ainsi.

– Bon, j'ai compris. C'est moi qui nettoie, hein.

Très vite, j'ai eu une tendresse particulière pour Hélène. D'une part parce qu'elle a été l'une des premières patientes que j'ai rencontrées, d'autre part à cause de son handicap. Je n'échappe pas à la règle, les handicapés m'émeuvent toujours. Leur regard, leur courage, leur envie, leur sourire, leur façon de communiquer... Je retrouve chez eux l'innocence naïve de ceux qui viennent de naître et qui ne savent pas encore ce que leur réserve la vie. Comme si le désarroi n'existait pas.

Un matin, alors que je m'approche de la poignée de la porte de sa chambre, je vois l'aide-soignante debout, les mains sur les hanches, qui regarde en direction du sol en rouspétant.

– Mais qu'est-ce que tu fais ? Allez lève-toi ! Lève-toi !

Ces injonctions sont pour Hélène. À en juger par les photos que j'avais vues et le fauteuil roulant automatisé garé devant la baie vitrée, je doute qu'Hélène puisse se lever toute seule.

N'ayant pu assister à l'épilogue de cette scène, je n'ai jamais su quelles en avaient été les prémices, ni comment la jeune femme était parvenue à se glisser sous son lit. Les patients conserveront toujours cette part de mystère qui sépare ceux qui ne font que passer, comme moi, et ceux qui y ont établi leurs quartiers, ou y vivent leurs derniers feux.

Quelques jours plus tard, je glisse un œil dans la chambre d'Hélène dont la porte est entrouverte. De la tasse de chocolat chaud posée sur la table centrale s'échappent quelques fumerolles, attendant d'être débarrassée. En attaquant la poignée extérieure, je la vois. Elle est allongée. À l'envers. Ses pieds à la tête du lit, enfoncés dans son oreiller. Hélène se tortille sans bruit. De douleur ?

Je l'abandonne avec cette pointe de culpabilité qui systématiquement fait saigner mon moral.

* * *

Incongru, un vieux téléphone mural me toise. À côté, un panneau indique un numéro pour déclencher l'alerte au feu.

Soued

J'arpente les couloirs de l'unité Debussy, jouant ma partition de chiffon lorsque je passe à côté d'un chariot de ménage. Je ne le sais pas encore, mais c'est celui de Soued. Une ASH bien connue de tous. Je progresse et j'arrive au niveau de la salle de pause. Soued y est assise, masquée, un turban sur la tête. Seuls ses yeux surlignés par du khôl s'affirment.

Café et biscottes sur la table. Elle déjeune, accompagnée de deux soignantes. À ma vue, elle se lève aussitôt pour venir à mon encontre.

– Ça va, monsieur ? Tu vas bien ?

– Ça va merci, et vous ?

– Ça va, ça va. Tu veux des biscottes ?

Je ne sais pas si c'est son fort accent marocain ou sa proposition qui m'arrache un sourire pincé.

– Non merci, c'est gentil.

– T'es sûr ? Si vous avez besoin de quoi que ce soit tu me dis. Moi c'est Soued. Tout le monde il me connaît ici.

– D'accord Soued. Merci.

– Toi, c'est quoi votre prénom ?

– Bakary.

– Ah d'accord, vous êtes musulman ?

– Euh oui.
– Moi aussi. Aboubakr. C'est joli…
Je joue avec mon chiffon bleu comme pour lui signifier que j'adorerais deviser sur la beauté des prénoms du compagnon du Prophète, puisque mon prénom est un dérivé de celui du premier calife, mais que j'ai un boulot à terminer.
Je prends congé après qu'elle me propose une énième fois quelque chose à manger.
Je viens de rencontrer Soued.

* * *

Tiens, l'eau dans mon seau a dû perdre un ou deux degrés !

* * *

La fatigue pointe le bout de son nez mais je la repousse. Je ne suis pas en droit de me plaindre. Ce job, je l'ai voulu, alors je l'assume. Je me reposerai cet après-midi. Le mensonge m'aide à tenir. Je sais pertinemment que je n'aurai pas une minute de répit une fois arrivé chez ma sœur, mais qu'importe. Le moindre geste effectué ici suffit à nourrir mon esprit. Je ressens même une forme de plénitude qui s'est affirmée au fil des jours. L'imperceptible ne l'est plus, à ma manière, je participe au combat. Une rampe, une poignée, une serrure nettoyées sont les preuves de la lutte que je mène au quotidien. Je ne suis même pas fier de mon travail. Je suis juste heureux de le faire.

* * *

Quand j'arrive à Verdi ce matin-là, c'est au son du *Dancing Queen* d'Abba que je suis accueilli. Indémodable, la musique du plus pop des groupes suédois des années 1970 s'échappe d'une enceinte orange à la forme cylindrique, posée sur le rebord de la fenêtre du poste de soins. À l'extérieur, afin que tout le monde puisse en profiter.

La musique est omniprésente dans l'hôpital, emplissant les vides et meublant les silences. S'échappant de la petite sono portable utilisée par les soignants pour rythmer leur journée et se donner du cœur à l'ouvrage, ou via les téléviseurs installés dans les chambres des patients. Ceux-ci sont en effet nombreux à être branchés sur C-Star, la chaîne qui crache des clips vidéo à longueur de journée. Parfois le contraste est saisissant entre ce qui me parvient aux oreilles quand je m'approche de la porte d'une chambre et celui qui l'occupe.

Quand vous entendez Heuss l'Enfoiré qui scande désespérément sa recherche de *moulaga*, vous ne vous attendez pas forcément à ce que ce soit une dame âgée allongée dans son lit d'hôpital, le dossier redressé, qui fasse attention aux paroles, comme si elle était la première supportrice de la quête du rappeur de Gennevilliers.

« Eh, d'la moulaga, d'la moulaga
Eh, d'la moulaga, donnez-moi d'la moulaga… »

– Bonjour !

Pas de réponse, l'auditrice est beaucoup trop concentrée.

À d'autres étages, d'autres mélomanes. Celui-ci se fait ainsi faire la toilette sur du kompa, la musique dansante haïtienne. Est-ce lui ou l'aide-soignante qui apprécie le plus la musique ?

J'ai toujours l'impression de les déranger lorsque je viens m'acquitter de ma tâche.

– Non, ce n'est pas la peine, je l'ai déjà fait ce matin, me dira souvent la soignante.

Une pointe d'agacement perceptible dans sa voix.

– Ah, très bien, désolé.

Mais pourquoi devrais-je être désolé ? Je ne fais pourtant que mon travail. Et puis, à y réfléchir, je comprends mieux ce qui peut heurter : un patient a beau être dépendant de celles et ceux qui tentent de l'aider à ne pas mourir, son intimité est sacrée, elle doit à tout prix être préservée. Et si les infirmières et les aides-soignantes font partie du premier cercle de confiance, je suis clairement perçu comme illégitime. C'est donc à moi de prendre garde à ne choquer personne.

* * *

– Aboubakr !

Soued sort d'une chambre dont je viens de nettoyer la poignée. Sa voix est reconnaissable entre mille. Et son accent surtout. Elle discute avec les soignants et le patient qui occupe la chambre.

– Soued ! m'exclamé-je en essayant de lui rendre l'énergie qu'elle avait mise en m'interpellant.

– Ça va ?

– Oui, et toi ?

– Tu veux un café ?

– Non merci, c'est gentil.

– Un jus d'orange ? Prends un jus d'orange.

– Non c'est bon.

– Des biscottes ?

– Non merci.

– Des gâteaux ? Ils sont bons les gâteaux.

– Non merci, je n'ai pas faim.

J'ai cru que la liste ne s'arrêterait pas.

– Si t'as besoin de quoi que ce soit tu m'dis, moi j'te ramène.

– Pas de problème.

– Tu fais pas le timide, hein ? Tu sais moi j'ai des enfants, je m'occupe bien d'eux. T'as quel âge Aboubakr ?

– 36 ans.

– Ah tu vois. Mon fils il a 32 ans. C'est pareil. Regarde !

Joignant le geste à la parole, elle enlève ses gants pour attraper le téléphone dans la poche de sa blouse.

J'imaginais Soued beaucoup plus jeune. Du moins trop jeune pour avoir un fils de 32 ans. Je lui donnais 40, 45 ans tout au plus.

– Ça, c'est mon fils. Il est parti à La Mecque.

Sur la photo, je distingue un jeune homme souriant qui tient la bride d'un chameau.

– Regarde. Là, il est avec ses copains.

Je ne peux pas m'empêcher de penser au fait que je suis au travail et qu'au lieu d'accomplir ma tâche, je suis là à contempler les photos d'un parfait inconnu qui rend sa maman si admirative.

– Ah, il est parti avec ses amis ?

Je fais semblant de m'intéresser jusqu'à ce que mon attention devienne réelle.

– Oui. Tu vois son ami, là ? Le Noir ?

Oui, je le vois très bien. Ils sont cinq. À prendre la pose devant la Kaaba, l'édifice au centre de la grande mosquée de La Mecque, lieu sacré de l'islam.

– Oui.

– Eh ben, il n'était pas musulman avant. C'est un converti.

– Ah bon ?

Elle zoome alors sur le visage de son fils qui se trouve à côté de son ami, « le Noir » comme elle dit. Je l'ai reconnu tout de suite. Il se tient bras dessus, bras dessous avec le fils de Soued. C'était Kery James. Le rappeur.

– Mais c'est Kery James.

– C'est quoi ?

– C'est l'ami de ton fils, lui ?

– Oui. Il m'a dit qu'il vient des Antilles, je sais pas quoi. Mais maintenant il est musulman.

Je n'en reviens pas. Voir une photo de Kery James en tenue traditionnelle pendant son Hajj, le pèlerinage des musulmans à La Mecque.

Soued, ça n'a pas l'air de l'émouvoir que son fils soit ami avec une des figures du hip-hop français. Elle est plus préoccupée par le fait de me présenter sa belle-fille.

Elle fait défiler les photos sans même que j'aie le temps d'acquiescer. Ses injonctions pour que je trouve belle la femme de son fils sont incessantes.

– T'as vu comment elle est belle ? Mais moi j'ai dit à mon fils : c'est pas la beauté qui compte c'est le cœur. J'ai raison, Aboubakr ?

Ce n'est pas une question. Soued est persuadée de ce qu'elle dit et je ne veux pas la contredire.

* * *

La pause Soued m'est imposée quasi quotidiennement, et restera comme un grand bol d'air frais dans la monotonie de ma tâche. Sans m'en apercevoir, je suis devenu un robot qui suit la même routine six jours sur sept. Qui s'est imposé des règles auxquelles il ne déroge jamais. Tenir sa droite, nettoyer les services toujours dans le même ordre. Formaté, j'avance vaille que vaille. Au fil des jours, les rencontres avec Soued que je redoutais au début se transforment en véritables échanges auxquels j'ai hâte de participer.

La veille au soir, j'avais dit à ma sœur : « Demain je suis content, je vais voir Soued. Je te jure Nok, y en a pas deux comme elle ! » Cette femme est marquante. Peut-être plus que les autres. À l'instar d'un Moussa ou d'une Mariam, elle est appréciée de tous dans le service où elle opère, son français bancal et son fort accent attirent beaucoup plus de sympathie que de railleries, elle est bavarde, loquace, volubile.

Je l'adore.

Olivier, les canards, les leçons

Un matin, dans la salle de vie de Rossini, je fais la connaissance d'un étrange patient. J'apprendrai plus tard qu'il s'appelle Olivier. Il a probablement autour de la soixantaine, les cheveux mi-longs gominés en arrière. C'est le patient le plus bavard de l'hôpital. Enfin, à sa manière. Car il parle seul. Et à lui-même. En répétant ses mots cinq à six fois de suite, avant d'en changer. La première fois que je le rencontre, il est attablé avec une autre patiente. De loin, je perçois sa voix de stentor alors que je m'affaire comme à l'accoutumée sur la poignée du poste de soins. Plus je m'approche, plus sa voix résonne.

– Quarante-*cin*, quarante-*cin*, quarante-*cin*, quarante-*cin*, quarante-*cin*, quarante-*cin*.

Un chiffre… 45. À moins qu'il ne soit en train de dire quarante saints ? Ou quarante seins ?

Tandis que je passe sur les poignées de la baie vitrée, je tente de l'interrompre en les saluant, lui et sa partenaire.

– Bonjour !

– Bonjour monsieur, m'a répondu la dame en reposant son verre de jus d'orange avec difficulté sur la table.

Olivier, lui, s'est contenté de me regarder.

– Tapis rou tapis rou tapis rou tapis rou tapis rou…

Au fil des jours, je me surprends à l'apprécier. Oui, j'aime bien Olivier, sa coiffure travaillée et lustrée, sa façon impeccable de s'habiller comme s'il choisissait ses vêtements pour conserver une prestance que la pathologie venait démentir. Olivier a la charge de l'ambiance sonore de la maison 3 à l'étage Bizet. J'entends encore sa grosse voix incertaine et répétitive recouvrir même le son de la télé qui, là encore, ne diffusait que du BFM.

* * *

Le quatrième étage de Rossini, baptisé Lebard-Gatineau, est réservé à « l'unité fonctionnelle des douleurs et des soins palliatifs ». C'est ce que j'ai découvert sur la plaque vissée au mur lorsque je suis sorti de l'ascenseur : comme un panneau me souhaitant la bienvenue. Douleurs, soins palliatifs ! Apprécie-t-on d'être reçu dans ce genre d'endroit ? Je me souviendrai en tout cas toujours de la première fois où j'y suis allé : le mot palliatif, je ne sais pas pourquoi, m'a toujours paru un terme générateur d'angoisses, alors que, justement, il tente de les circonscrire pour amener en douceur les malades vers la grande conclusion. Quant à la douleur, l'emploi même de ce terme me cisaillait l'envie : je m'attendais à ne voir que des patients en extrême souffrance.

Bien sûr, dans les étages inférieurs, j'en avais déjà vu et entendu crier, souffrir, râler, gémir et se débattre : le quotidien des soignants, les larmes, les maux, les hurlements, les révulsions, était lentement devenu le mien.

Pour Lebard-Gatineau, je m'étais préparé au pire.

Le salon à droite à la sortie de l'ascenseur est totalement différent des autres. Le sol est couvert d'un linoléum rouge tacheté qui tranche avec le blanc classique de l'hôpital. Le mobilier n'a rien à voir non plus. Des petits fauteuils sont cachés par deux paravents dont les motifs me rappellent l'Asie. Il y a aussi beaucoup de brochures et de journaux. Beaucoup trop. Le porte-revues déborde.

La pièce baigne dans le soleil. Je suis presque aveuglé. Nous sommes sous les toits, d'immenses baies laissent entrer la lumière. Comme si le salut et la chaleur ne pouvaient venir que du ciel. À moins que ce ne soit un appel…

Je pénètre dans la première maison.

L'extincteur essaie de me séduire. Je le brique, puis progresse. Le ciel s'assombrit. La lumière disparaît. Des portes opaques et des murs ont remplacé les grandes baies vitrées. Je suis la rampe. Je lui voue une confiance aveugle. Elle ne me trahira pas. À Lebard-Gatineau, le déplacement est encore plus difficile que dans les autres maisons. L'endroit est plus exigu.

Le premier patient que je rencontre dort paisiblement. Le bruit de la poignée ne le réveille même pas. Un autre est alité et respire péniblement. Son lit médicalisé est excessivement bas. Je lui dis bonjour. Il ne répond pas non plus. Je prends soin de manipuler avec précaution l'interrupteur pour ne pas allumer. L'agencement est totalement différent des étages inférieurs. Désormais inutiles, les fauteuils roulants et les brancards vides qui encombrent les couloirs sont comme laissés dans un abandon qui préfigure l'issue inéluctable de ceux qui sont ici accompagnés chimiquement jusqu'à leurs derniers instants. Une porte indique : « Local salubrité ». Sa poignée brillait-elle autant avant mon passage ?

Comme partout ailleurs, les tiges des stores de la baie vitrée sont toujours aussi sales. Un infirmier est en plein inventaire d'effets personnels : des objets retrouvés dans une chambre désormais vide. Une montre, une paire de lunettes, un livre. Il met le tout dans une enveloppe kraft. Le propriétaire de ces objets ne les utilisera plus jamais, mais qui les récupérera ?

* * *

Un peu plus loin, une autre patiente ressemble étrangement à une malade croisée dans un autre service. Mon esprit vagabonde un instant, comme si une soupape de sécurité mentale l'autorisait à s'éloigner, pour lui laisser respirer d'autres airs que ces derniers souffles, pour l'autoriser à voir par-delà ces existences horizontales si souvent immobiles… Divaguer, jamais trop longtemps, parce que je ne suis pas payé pour, me réconforte et me rassure. Sans avoir la moindre information à leur sujet, je décide que les deux femmes sont sœurs. Qu'elles sont hospitalisées, mais pas dans le même service… Je songe à la détresse de leurs proches, si elles en ont encore… Je pense souvent aux familles. Je les devine en train de discuter dans les petits salons désormais déserts. De rire, de pleurer selon les circonstances…

Le corridor qui suit, et qui mène de la maison 1 à la maison 2, est une véritable promenade de santé : il n'y a pas les obstacles habituels. Je savoure. La rampe en métal gris, cylindrique et neuve, est ininterrompue et mon chiffon glisse impeccablement dessus. Les poignées de fenêtre, elles aussi, semblent nickel.

Chacune est absoute de ses péchés. Mon chiffon les réhabilite. Tous les trois mètres, confesseur d'objets inanimés, ici comme ailleurs, je frotte, je nettoie, j'hygiénise.

Derrière les fenêtres, de part et d'autre du couloir dans lequel je chemine, j'aperçois la terrasse du toit. On y trouve du gravier et des mini-cheminées qui me font penser au décor de *Mario Bros*, le jeu vidéo. Le plafond de ce couloir est orné de pliages en papier. Des sortes d'origamis. Certains en forme d'étoiles, d'autres en forme de fleurs. Ils sont si bas que je peux les toucher de la tête. Heureusement, les fenêtres donnent une sensation d'espace. Les paravents, les baies vitrées, la lumière, la chaleur. Comme si tout était mis en œuvre ici pour faire oublier que vous étiez entré sans vous en rendre compte, ou sans le vouloir, dans l'antichambre de la mort.

* * *

– Monsieur Aboubakr !

– Madame Soued.

– Ça va ? Café ? Thé ?

– Café.

C'est la première fois que je cède aux coups de boutoir de Soued. Je n'ai pas l'énergie de refuser sa proposition. Et puis le ramadan approchant à grands pas, je me dis que bientôt je n'aurai même plus à dire non merci : nous serons tous les deux en train de jeûner.

– Tu veux des biscottes ?

– Non, juste un café.

– Demain je te rapporte des *msemen*.

– Ah.

– Attention, j'achète pas au magasin je fais moi-même. Tu connais les *msemen* ?

– Oui, Soued. J'aime beaucoup.

Et c'est vrai, cette crêpe feuilletée, à base de farine de blé, de semoule fine et d'eau est d'une douceur inhabituelle.

– Demain, je t'en ramène. Tu passes me voir et même si tu me vois pas, tu demandes Soued.

– D'accord.

– Tu veux du produit ? Du Surfanios ? Je te donne des chiffons si tu veux.

Et changer mes habitudes que j'entretiens précautionneusement ? Je ne crois pas, non.

Soued veut m'entraîner sur une pente légèrement glissante. Remettre en cause l'assuétude que j'ai mise en place. Me contraindre à tordre le cou à mes manies, impossible.

J'ai par exemple comme marotte de ne jamais enchaîner deux fois de suite la même couleur de chiffons.

Je ne suis pas maniaque. Mais j'ai quelques superstitions que je nierais toujours si quelqu'un s'avisait de m'interroger sur le sujet.

* * *

Il est 12 h 30. Mon service est terminé. Trente minutes avant l'horaire.

Je finis souvent en avance depuis qu'on m'a sucré le troisième étage de Rossini.

Mais, bon, bref. Je vais pouvoir aller pisser. Je me rends compte que je ne suis pas allé aux toilettes de toute la matinée. Inconsciemment, j'ai appris ici à me retenir, alors que rien ne m'y oblige. Une amie infirmière qui travaille à l'hôpital Tenon à Paris m'avait dit que c'était son quotidien. Elle et ses collègues n'avaient même pas le temps d'aller aux W-C, débordées qu'elles étaient par le travail.

J'agissais sans doute par mimétisme, ou par conscience professionnelle. Jusqu'alors, je considérais que je n'avais pas de temps à perdre, que je trouverais bien un moment plus tard pour me soulager. Je m'interdisais les pauses, comme la plupart des gens qui m'entouraient et travaillaient dans cet hôpital.

Cette fois, après un passage aux latrines, je vais me poser dans la cour intérieure de Sainte-Périne. J'ai un léger espoir, incongru presque, celui de croiser le couple de canards colverts qui depuis quelques jours se promène dans le jardin de l'hôpital.

J'ai un paquet de deux biscottes que Souad m'a donné. Je compte bien les émietter pour les ansériformes.

Je venais de me le promettre, dès que je rentrerais chez moi à Carcassonne, j'adopterais des canards. D'ornement, de compagnie, domestiques, l'important n'est pas là, mais j'aurais des palmipèdes dans mon jardin. J'aime ces volatiles, leur façon de bouger, leur imperturbable rapport au monde qui les entoure, le regard qu'ils semblent poser sur les maux qui nous frappent, comme s'ils en faisaient partie mais comme si, d'eux-mêmes, ils savaient s'en distancier. Le canard devient une mascotte en ces temps troublés… Que comprennent-ils de ce qui se déroule ici, de ces gens qui arrivent dans un état proche de l'irrémédiable, de ceux qui bientôt s'en iront pour toujours ? L'impression que tout glisse sur leur plumage imperméable que rien ne transperce, pas plus l'eau que les drames humains.

Le canard semble un être insensible, quand moi, je ne peux pas me le permettre.

* * *

Je regarde dans mon seau. Il me reste deux chiffons. C'est un bon score. Ça veut dire que j'ai bien géré mon stock : je vis dans la peur constante de ne plus avoir de linge à disposition avant d'avoir fini. Souvent, il m'en reste bien plus que deux.

Nous sommes vendredi, jour saint chez les musulmans. Je me dis qu'au lieu de traquer des colverts à travers le jardin pour leur donner à manger des biscottes qui ne sont sûrement pas bonnes pour eux, je pourrais aller à la mosquée. Mais, pour cause de confinement, elles sont fermées. Je peux donc continuer mes recherches sans culpabilité. « Petits, petits, petits… »

Surtout que le programme qui m'attend cet après-midi n'a rien de réjouissant. Je vais devoir endosser à nouveau le rôle de surveillant scolaire pour m'assurer que mes nièces et les filles de la voisine font bien leurs devoirs et assistent aux cours via leurs ordinateurs, puis je revêtirai mon costume réversible d'étudiant. En droit pour mon examen d'agent de joueurs ; en rugby pour mon diplôme d'entraîneur.

Mes journées sont bien chargées. C'est le moins qu'on puisse dire. Mais c'est mon mode de fonctionnement. L'ennui et l'inactivité corrodent mes nerfs. J'ai un profond besoin d'être occupé, pris par plusieurs tâches qui se superposeraient ou se succéderaient. Physiquement et mentalement, j'y trouve mon équilibre. Bien que cela puisse me jouer des tours, je ne me vois pas vivre autrement.

Il est donc temps de rentrer.

* * *

Comme chaque jour, le déjeuner est prêt. Ma sœur avait pris l'habitude de demander à l'avance à son fils ce que nous voulions manger. Ce n'était qu'après m'avoir consulté qu'il répondait. Quand nous arrivions, tout était prêt.

Il ne reste plus que quelques jours avant le début du ramadan et je m'inquiète : le repas du midi est salvateur après les dures matinées que nous enchaînons. Il va falloir s'en priver.

Zaky file toujours à la douche avant moi. Pendant ce temps, je checke mon téléphone et réponds aux messages reçus dans la matinée. Je reçois les notifications sur ma montre, mais je les ignore volontairement pendant mes horaires de travail. Et même pendant mes mini-pauses.

14 h 17. Propre et rassasié, j'attaque mon programme. Comme mon cours en visio sur la préparation mentale ne commencera qu'à 17 heures, priorité est donnée aux devoirs des filles, ensuite, si j'ai le temps, je jetterai un coup d'œil sur mes cours de droit.

– Tonton, le sud, c'est en haut ?

Soupir.

– Non Zata, le sud c'est en bas. C'est le nord en haut.

Le cours de géographie avec Namizata est un régal.

– Continan ? Tu es sûre que ça s'écrit comme ça ?

– La prof, elle l'a écrit comme ça en tout cas.

La mauvaise foi des ados…

Namizata, « Zata », est la fille de la voisine de ma mère. Je l'ai vue naître. Quelques mois avant la mienne. Bizarrement, avec ma propre fille, je n'arrive jamais à faire les devoirs, j'ai comme un blocage. Les rares fois où nous avons essayé, cela s'était très mal passé. Avec Zata, c'est différent. Elle est un peu ma chouchoute. Du coup, je me sens détaché et plus détendu.

– On bascule sur la leçon d'histoire.

– Tu as lu le texte ?

– Oui.

– Tu es sûre ?

– Oui.

– D'accord, alors je te pose des questions pour voir si tu as bien compris.

Sourire gêné.

– Hum, alors… Quel est le repos sacré du samedi dans la religion juive ?

– La Bible.

Parce que cela saperait toute mon autorité, j'essaie de ne pas pouffer. Mais je ne peux m'en empêcher.

– Zata ! dis-je en essayant de retrouver mon sérieux. Tu as lu sans lire en fait ?

Elle me regarde comme si je parlais une langue étrangère.

– Le shabbat. C'est ça le repos sacré ! C'est pas la Bible !

Aucune réaction.

– Il faut que tu te concentres quand tu lis. Que tu tiennes compte de la ponctuation aussi. Relis le texte. Et s'il y a un mot que tu ne comprends pas, tu cherches la définition sur la tablette. Eh oui, la tablette, ce n'est pas fait que pour TikTok.

À l'évocation de TikTok, ses yeux s'allument de nouveau. Comme si tout ce que je venais de dire n'avait aucune espèce d'importance…

16 h 37. Mon cours en visio sur Zoom commence dans vingt-trois minutes. J'hésite entre une micro-sieste et un tour sur les réseaux sociaux.

La seconde option l'emporte. Dans mon feed Instagram que je scrolle inlassablement apparaît une publication de l'IPAF, l'Institut préparatoire au métier d'agent de football, l'école qui me dispense les cours de droit. Comme pour me rappeler sournoisement que je n'ai pas eu le temps d'entreprendre les révisions programmées. Mais ce n'est pas ma faute si Zata n'est pas une adepte des cours d'histoire. J'aurai bien le temps de rattraper mes cours pour devenir agent de rugby, filière moins connue que celle du ballon rond mais qui séduit de nombreux anciens joueurs.

18 h 43. Cette fois, c'est mon cours sur la préparation mentale qui bat son plein. Très intéressant mais mon cerveau sature. La fatigue. J'essaie de ne rien laisser paraître via la webcam de mon ordi. Je jette un œil à mes collègues de promotion et me rassure en disant que je ne suis pas seul. Le pire, c'est que le cours qui est censé finir dans dix-sept minutes ne finira pas dans dix-sept minutes. Notre formateur adoré, Sébastien Bertrank du CREPS (centre de ressources d'expertise et de performance sportive) de Montpellier, a l'habitude de déborder sur les horaires. De digression en digression, un cours censé durer deux heures peut facilement s'allonger de quarante-cinq minutes. Ça, c'est pour mon autre parcours de formation qui doit me mener au diplôme d'entraîneur de rugby…

Le débit et la voix, tout sauf monocorde, de Sébastien me maintiennent éveillé. Je m'accroche aux variations de tonalité plutôt que de réellement comprendre ce que dit le pédagogue.

19 h 27. Le cours touche à sa fin. Je suis assis à la table de Zaky. Face à la fenêtre. J'ai pris soin de mettre

l'ordinateur de biais car si je reste dans l'axe du bureau, la webcam propose une vue imprenable sur le lit superposé que je partage avec mon neveu.

Crispations et emballement

Les nerfs sont tendus ce matin. Le débat qui anime le bureau tourne autour de la prime accordée aux personnels soignants. Et c'est Mariam qui a mis le feu aux poudres ! Mariam est espiègle. Et intelligente. Drôle aussi.

– Meïté, on va avoir nos primes, nous aussi, ils ont dit ça à la télé.

– Qui a dit ça ? interrogea Couz.

– C'est la télé…

– Ta télé, elle ne doit pas bien fonctionner…

– Ils ont dit « le personnel soignant », abonde Doukara. Nous, on n'est pas des soignants !

– On mérite nos primes ! Quand on rentre dans les chambres, on est au contact ! Peut-être que c'est Arc-en-Ciel qui bloque l'argent…

Couz, sentant qu'on attaque sa hiérarchie, bondit !

– Non Mariam, tu ne peux pas dire ça ! Est-ce que le gouvernement a parlé de nous ? Ils n'ont pas parlé de nous. Arc-en-Ciel ne peut pas bloquer l'argent ! Il n'y a pas d'argent !

– Ne confonds pas, Mariam, reprit Diawara, eux, c'est la fonction publique. Nous, nous sommes le secteur privé !

Mariam ne confond pas. Mariam sait très bien. Mariam veut juste soulever le sujet des revendications salariales. Couz et Diawara ont mordu à l'hameçon. Un léger sourire au coin de ses lèvres la trahit.

– Bon, de toute façon, moi, je ne peux pas faire comme Sidibé. Même si on me donne 2 000 euros par mois, je ne rentrerai pas dans les chambres. C'est ma santé d'abord !

Mariam est cantonnée aux parties communes quand Sidibé, lui, nettoie aussi le sol des chambres.

Mariam me fait sourire. Je suis le spectateur assidu de ses facéties.

– On n'est pas considérés. On n'est pas considérés ! C'est comme ça ! Même nos tenues ! Nos blouses ! Ils refusent de les laver à l'hôpital !

– Alors imagine-toi le gouvernement, dit Couz.

– Mais eux, c'est le secteur public, insiste Diawara.

– Alors que nous, on est au front ! Pareil. Le médecin soigne, oui, mais qui nettoie et désinfecte derrière ? C'est nous !

– Voilà, Meïté ! Bien parlé, dit Mariam.

– Mais ne t'inquiète pas ! Je crois qu'ils ont oublié notre dernière grève !

– Ah oui ! Ce jour-là, c'était trop intéressant, confie Mariam !

À l'époque, en 2013, le mouvement social avait duré deux heures et c'est tout l'hôpital qui avait été en panique ! Couz, en chef de file qui ne se démonte jamais, avait néanmoins obtenu une prime de fin d'année pour lui et ses subalternes ainsi que des contrats à temps plein pour douze d'entre eux.

La discussion est enflammée. Les revendications fusent. Couz tourne amer. Il est délégué syndical, donc chargé de récolter les doléances. Mais il a l'impression que les plaintes de chacun se transforment en griefs contre lui. Il reprend :

– Vous me faites bien rire. La dernière fois, quand j'ai bloqué le site ici, vous avez tous été payés non ! Qui était en première ligne ? Vous étiez tous cachés derrière les piquets de grève. Toi Bakary, je te trouve bien bavard aujourd'hui, hein. À l'époque tu manquais de courage…

Quoi ? Impossible. Les Bakary ne manquent jamais de courage.

– Non mais attends, Meïté. Moi à l'époque j'étais en CDD. Je n'étais pas titularisé.

En admettant à demi-mot que Couz a raison, mon homonyme vient de baisser dans mon estime.

– Diawara, même chose. Alors mollo mollo.

– Avec tout ça, moi, si les journalistes viennent encore pour mon Chéri, je vais dire toute la vérité. Je vais préparer mon meilleur français.

L'assistance éclate de rire. C'est une manière pour Mariam de mettre fin à la zizanie qu'elle a semée. Dans la joie.

Cet intermède me fait réaliser que je ne me suis même pas posé la question du salaire au moment de signer mon contrat de travail. Parce que la question était totalement décorrélée de la prise de décision. J'ai ce confort dont mes collègues ne disposent guère : la dépense de leurs émoluments est déjà planifiée.

* * *

J'apprendrai un peu plus tard que le taux horaire en vigueur est de 10,20 euros. Soit au niveau du SMIC. Quant aux chèques que je recevrai pour mon travail, jamais encaissés, ils resteront simplement des souvenirs de papier, modestes témoins de ce que j'ai pu accomplir durant cette période.

* * *

Depuis quelques jours, et surtout depuis qu'un journal avait parlé de moi, commençait à monter la vague insoupçonnable de l'emballement médiatique. Demandes, propositions, sollicitations… L'ouragan se rapprochait…

« Bonjour Bakary, je m'appelle Lauren, je suis une journaliste française basée à New York. Je travaille pour la chaîne CNN. J'ai découvert votre initiative durant cette période de crise, et je voulais savoir si vous seriez intéressé de participer à un projet vidéo. Parlez-vous anglais ? Je peux vous appeler pour vous donner plus de détails ! Merci ! »

Nous sommes un vendredi de la mi-avril lorsque je reçois ce texto. Et je viens de le lire à voix haute à Nokessa : pour contenir la frénésie qui commençait à s'emparer de cette histoire, elle s'était transformée malgré elle en imprésario. Son avis comme son regard m'importaient, j'avais besoin de son aide.

Cela faisait plus de quinze jours que mon travail à l'hôpital avait été rendu public. Depuis, j'étais sollicité de toutes parts et j'avais du mal à gérer.

L'intérêt de CNN par le truchement de cette journaliste française en était le dernier exemple en date.

– T'es sûr d'avoir bien lu ? CNN ?

– Yup. CNN.
– C'est quoi la prochaine étape ? BBC Africa ?
– Déjà fait.
– Ah oui, c'est vrai.

Nous avions décidé que je ne répondrais plus à aucune sollicitation. J'avais d'abord accepté de parler et de répondre aux interviews pour mettre avant tout en lumière le travail des soignants et de tous ceux qui luttaient contre le virus, pas pour parler de moi et de ma courte expérience. J'avais naïvement pensé que les journalistes s'intéresseraient davantage à des gens qui occupent ces postes depuis des années. Je me disais que Mariam, Mama Mendy, Soued ou encore Doukara pourraient ainsi être mis à l'honneur. Je me suis vite aperçu que ce n'était pas ce que certains venaient chercher.

Cela avait commencé après que le club de Carcassonne avait publié une brève sur son site internet, mettant en avant mon investissement social et citoyen. Peu de temps après la mise en ligne, Pierre Ammiche, journaliste à RMC, avait pour ainsi dire été le premier à mettre le feu aux poudres.

Avec Pierre, on se connaît plutôt bien. Il m'avait invité à suivre France-Galles, le quart de finale de la Coupe du monde de rugby 2019 dans les locaux de la radio. J'avais pu ainsi découvrir les dessous de la production d'une émission en direct : le carton rouge de Vahaamahina, expulsé après avoir frappé un adversaire, je l'avais entendu dans le studio avant de le voir sur les écrans de contrôle. À cause du décalage entre le son et l'image, en radio comme en télé.

Pierre et moi, nous nous suivons sur les réseaux sociaux, sur Twitter notamment, où j'aime livrer quelques réflexions personnelles et autres images plutôt légères et décalées. Il avait twitté une sorte d'appel à témoins, demandant si ses followers connaissaient des gens qui faisaient preuve de solidarité pendant cette période de crise sanitaire. Et c'est à ce moment que je lui avais laissé un message WhatsApp lui expliquant ce que nous faisions, Zaky et moi, depuis quelques jours à Sainte-Périne.

J'avais pris soin de lui dire que je tenais un genre de carnet de bord où je compilais tout ce qui me passait par la tête durant mes journées de labeur. Il avait alors jugé bon de réaliser un entretien avec moi pour le compte de RMC. C'était une interview bienveillante et bien ficelée. Je n'étais pas dupe, je savais qu'elle attirerait l'attention. Qu'elle serait reprise par le site *Rugbyrama*, notamment, bible numérique des fanatiques du ballon ovale, ou par d'autres sites d'informations sportives. Mais j'étais à mille lieues d'imaginer ce qui allait se produire.

Une lame de fond que je n'ai surtout pas vue venir et qui m'a submergé.

Quelques jours à peine après l'entretien donné à Pierre Ammiche, je me suis retrouvé en une de *L'Équipe*, l'un des quotidiens les plus lus par les Français, puis, découvrant l'effet suiveur et grossissant de la planète Média, j'ai fait l'objet d'un sujet pour le 20 heures de France 2, avant de me retrouver félicité sur Twitter par le compte officiel du ministère des Sports.

Pendant plus de trois semaines, j'ai ensuite dû faire face à des sollicitations, des demandes d'entretiens, au téléphone, via Skype, sur Instagram, sur Facebook, sur Messenger. On m'a même fait télécharger une application pour augmenter la qualité du son de mon téléphone juste avant une interview radio.

Ça ne s'arrêtait plus.

Mon téléphone était en surchauffe permanente. Quiconque me connaît sait à quel point je passe beaucoup (trop) de temps sur mon téléphone. Pour la première fois de ma vie, l'idée de le jeter contre un mur m'avait traversé l'esprit.

Le peu de temps libre qu'il me restait, après le travail, les devoirs des filles, les cours de droit, le diplôme d'entraîneur et les séances de sport, a un temps été dédié à la gestion des sollicitations médiatiques. Au départ, je me suis prêté volontiers au jeu, et, comme dans l'interview originelle, j'expliquais le pourquoi du comment. Je prenais bien soin de spécifier que ce n'était pas mon idée, mais celle de Zakarya et que je lui avais emboîté le pas. Que si j'acceptais de répondre, c'était avant tout pour qu'on se rende compte de la difficulté de la tâche de mes nouveaux collègues, qui plus est pendant cette crise. Que c'était par solidarité avec le personnel soignant, que j'étais admiratif de leur dévouement et de leur travail.

J'étais rompu à l'exercice médiatique. En tant que rugbyman professionnel qui avait roulé sa bosse, j'avais participé à des conférences de presse d'avant-match, d'après-match. Des interviews à la mi-temps, ou après le coup de sifflet final. Parfois après des victoires, souvent après des défaites. Les micros, les dictaphones, les carnets de notes, les appareils photo, les caméras, les téléphones portables qui remplissaient toutes ces fonctions à la fois : tout cela m'était familier. Que le championnat de deuxième division de rugby d'un pays comme la France soit suivi médiatiquement était somme toute normal. Mais là nous étions dans un tout autre contexte. Une autre dimension.

Cela ne s'arrêtait pas.

Les réseaux sociaux étaient le terrain de chasse favori des journalistes qui ne possédaient pas mon numéro.

– Bonjour Bakary, je suis l'assistante de Faustine Bollaert…

– Bonjour Bakary, bravo pour votre engagement. Je vous contacte pour l'émission de Thomas Sotto…

– Bonjour, je vous contacte pour la matinale de CNews…

Des messages de cet acabit, j'en ai reçu au minimum trois par jour, tous les jours pendant presque un mois.

Et c'était sans compter les appels masqués ou inconnus. En l'espace de quelques jours, ma messagerie était saturée.

– Bonjour Bakary, je suis journaliste à Europe 1 et ce que vous faites est formidable. Accepteriez-vous de répondre à une interview ?

– Bonjour, je suis journaliste à *L'Indépendant*. Je sais que les sollicitations médiatiques sont nombreuses, néanmoins…

Au début, j'ai tenté de contenter tout le monde. Avec plus ou moins d'entrain selon le média. Très vite, je me suis senti capable de deviner chez mon interlocuteur l'intérêt sincère qu'il portait à mon aventure humaine, ou s'il était un suiveur de tendance… Car, pour certains, je n'étais que le sujet du moment.

Je percevais souvent la volonté de me faire dire ce qu'ils voulaient entendre.

– La solidarité dont vous faites preuve vous vient du rugby et de ses valeurs ?

– Euh, non, en fait.

– Ce n'est pas trop dur de se lever tous les matins pour aller travailler ?

– Bah ! J'ai un métier, monsieur, et je ne suis pas le seul à me lever le matin, je crois !

Beaucoup d'interviews étaient menées de la même manière. Et les questions manquaient de spontanéité, voire d'intérêt. Ce qui me transformait en une sorte de machine à débiter les mêmes réponses, robinet d'eau tiédie par l'inanité, qui déversait ses mots dans un seau au fond poreux car mangé par la rouille des sempiternelles mêmes questions. Je tentais tant bien que mal de mettre de la variété dans mes phrases. Mais l'exercice n'était pas facile.

Je pensais à tous ces joueurs de foot fustigés pour balancer toujours les mêmes banalités en conférence de presse. « L'important c'est les trois points, il faut prendre les matchs les uns après les autres, le groupe vit bien… » Soudain, j'avais l'impression de les comprendre.

Parfois les entretiens sortaient un peu des sentiers trop souvent battus. Ainsi la surprise fut agréable lorsque Rémi Reverchon, journaliste basket de beIn Sport, m'envoya un message pour me demander de participer à un live Instagram. Il s'agissait pour moi d'une véritable échappatoire. Nous avons bien sûr parlé de mon engagement mais aussi de NBA. J'ai pu lui confier ma passion toujours vive pour le basket, ainsi que mon amour pour les Nets de Brooklyn bien avant qu'elle soit une équipe à la mode. Ce jour-là, j'ai été aussi heureux qu'un gosse à qui on offre à Noël le cadeau qu'il a attendu toute l'année.

Pareil quand Sébastien-Abdelhamid le touche-à-tout – à la fois chroniqueur, youtubeur, influenceur expert en sneakers notamment – avait partagé sur ses réseaux sociaux un des articles à mon sujet. Il aurait pu s'en tenir à ça. Mais il avait ensuite soufflé mon nom à Mouloud Achour. L'animateur de *Clique*, sur Canal Plus, l'un des rares shows hors sport que je regarde à la télé, m'avait alors invité à un live Instagram, l'émission TV s'étant arrêtée à cause du confinement. Je n'avais pas caché ma joie !

Le journaliste de France 2 et son cameraman qui m'ont collé aux basques à l'hôpital toute une matinée ont, eux aussi, été plutôt cool. Même si j'étais assez réticent au départ, par peur du sensationnel ou du dévoiement, ils ont su rester assez discrets : ils n'avaient pas vraiment le choix, puisqu'ils n'ont pas eu l'autorisation de me suivre dans mes pérégrinations hygiénistes et répétitives. C'est pour cela que j'avais accepté, je n'étais pas au cirque, l'hôpital n'est pas une salle de spectacle, et je n'étais pas payé pour faire un numéro de clown blanc : le respect des malades était primordial à mes yeux. Même si, là encore, tous les hommes et femmes de presse ne partageaient visiblement pas ce point de vue. Après avoir essuyé une fin de non-recevoir de l'hôpital, certains n'avaient pas hésité à me demander de filmer moi-même mon quotidien avec mon smartphone pour ensuite leur envoyer les images. Pardon ?

Une amie infirmière m'avait raconté que certaines chaînes d'info allaient jusqu'à rétribuer les soignants en échange d'images filmées en secteur Covid.

Je repense aussi à la fois où j'ai dû m'isoler dans une chambre vide à Rossini pour répondre à un duplex Skype sur LCI.

L'une de mes plus grosses déceptions concerne en revanche le sujet diffusé au 20 heures de France 2 : l'intervention de Zaky avait été coupée au montage. La faute à

Jean-Michel Blanquer, m'avait-on répondu. Il intervenait en direct dans le JT. La durée des reportages du jour avait alors dû être tenue à la seconde près, peut-être même raccourcie *in fine* par des monteurs habiles.

Je prenais toujours soin d'expliquer que Zaky était à la genèse de cette action. Que ce n'était pas ma démarche, mais une démarche commune que lui seul avait amorcée. Mais c'était peine perdue. Ce qui intéressait les médias, c'était évidemment l'histoire du rugbyman qui avait choisi de faire le ménage, le reste était accessoire voire superflu. Quand j'ai commencé à refuser les demandes d'interview, j'ai bien tenté d'envoyer les reporters vers Zakarya. Comme la fois où l'on m'a proposé de participer à une émission sur France TV Info. J'avais gentiment décliné mais avais proposé la participation de mon neveu. Ils avaient décliné à leur tour.

Beaucoup d'ailleurs ne refusaient pas directement. Ils proposaient de me rappeler mais ne le faisaient jamais. Zakarya n'en prenait pas ombrage. C'est un garçon discret et réservé. À tel point que j'avais l'impression que toute cette agitation autour de son oncle ne lui faisait ni chaud ni froid.

* * *

Plusieurs semaines après ce tourbillon médiatique, j'ai reçu sur mon répondeur le message que je qualifierais du plus incongru jamais reçu. Il s'agissait du rédacteur en chef d'un magazine sur l'entretien de bâtiments, qui traitait de questions d'hygiène, de propreté et de nettoyage. Il aurait aimé échanger avec moi sur mon activité à l'hôpital. J'ai dû écouter le message deux fois pour m'assurer que je n'avais pas reconnu la voix d'un joyeux drille qui me faisait une farce.

Je ne l'ai jamais rappelé, j'avais trop honte de lui dire non.

M. Azonto et le Street Fighter

À Verdi ce matin, l'ambiance est une fois encore pesante. D'abord, je retrouve Couz en salle de vie en train de frotter vigoureusement une petite table extirpée d'une chambre. La pièce est remplie de meubles, la baie vitrée est inaccessible. Tant pis.

Une aide-soignante à l'accent venu de l'Est fait, pour moi et à haute voix, un relevé des patients Covid-19.

– Vous êtes au courant pour M. Azonto ? Il est positif.

– M. Azonto ?

– Oui, le monsieur noir dans la chaise roulante !

– Ah bon !

Ma première pensée, c'est que je ne risquais pas de le voir rouler de sitôt, cet homme que je croise mystérieusement, toujours endormi, dans différents endroits du service.

– Oui, il est confiné dans sa chambre. Et puis y a la maison 1 aussi. Là-bas, tout le monde est atteint.

Le virus progresse, probablement plus vite que ce qui avait été prévu.

Je ne sais quoi dire, interloqué.

– Monsieur ? Monsieur ? m'interpelle la soignante.

– Oui, pardon.

– Faites attention.

– Merci de m’avoir prévenu.

Je remercie sincèrement l’aide-soignante… Et remarque surtout qu’elle est chaussée de sandales, elle est la seule ici, dans cet univers où les Crocs, ces chaussures de caoutchouc pas très élégantes mais pratiques, sont quasiment la norme. Je trouve soudain étrange qu’on lui voie les orteils, une forme de nudité presque inconvenante. Mes remerciements sont néanmoins sincères, rares sont les soignants qui me renseignent sur la santé des patients. Ce n’est pas leur rôle.

Chaque fois que je les regarde manipuler les patients, ou prodiguer des soins, faire leur toilette, ou discuter, je ne sais pourquoi, mais je tente toujours d’identifier les pathologies. En me fiant à ce que j’ai sous les yeux. Les malades d’abord : leur état physique, leur visage, les rictus qui peuvent modifier leur faciès, les mains, les pieds. Le corps entier. Ensuite, je regarde l’équipement de la chambre : le lit, le lève-personne, les tablettes, les fils, les tubes, les masques, les machines, les branchements. Tout est indice pour essayer d’identifier la maladie.

Mais étant à moins cent sur l’échelle des notions médicales, je n’identifie rien du tout. Je me contente de m’interroger et d’imaginer. Ainsi M. Azonto est-il Covid-19… Le jour où je peux enfin mettre un nom sur un visage, j’apprends qu’il est frappé par le virus. Et visiblement, à Verdi, la contamination a gagné du terrain. Toujours selon Mme Sandales, les trois maisons contiennent des cas de Covid-19.

Couz est toujours là en train de frotter les meubles. Je lui annonce la mauvaise nouvelle, mais il n’est pas surpris.

– De toute façon, lui, il ramasse des mégots de cigarettes par terre pour tenter de les fumer.

Un frisson me parcourt la nuque. J'abandonne Couz à son travail et me dirige vers l'ascenseur, direction Lebard-Gatineau. Pas de troisième étage aujourd'hui. Plus de troisième étage, d'ailleurs. On m'en a interdit l'accès. Qui ? Je l'ignore.

La consigne était tombée il y a déjà deux semaines. Mes services n'y étaient plus les bienvenus. Viré comme un malpropre de l'endroit que j'affectionnais particulièrement. Tous les remerciements, tous les encouragements que j'avais reçus jusqu'alors avaient été mis à mal par cette interdiction. Et le fait de ne pas connaître les raisons réelles de cette éviction rendait la chose plus amère encore. Je tentais bien de me réjouir en me disant que cela me ferait moins de travail, cela ne suffisait pas à me remonter le moral. La raison invoquée était que les infirmières et les aides-soignantes préféraient désormais se charger elles-mêmes de cette tâche. Bon. Très bien. Pas de souci.

En fait, si.

Je trouvais une grande partie de ma motivation dans le fait de venir soulager le personnel soignant. Je me disais que cela laissait le temps aux aides-soignantes de s'occuper des patients. Qu'elles pouvaient même prendre plus de pauses cigarette pendant que je les déchargeais de ce travail ingrat ! Encrassez-vous les poumons, je m'occupe du reste ! Tel aurait pu être mon slogan ! Mais, non. Je n'étais plus invité. Je n'entendrais plus la grosse voix d'Olivier répéter inlassablement les mêmes mots. Je ne le verrais plus dans sa chaise roulante me suivre du regard comme s'il surveillait mon travail.

Cette décision me paraissait arbitraire et prématurée. Mais je ne pouvais pas dire qu'elle m'ait surpris. En effet, j'avais entendu des réflexions de la part d'aides-soignantes qui n'avaient pas goûté être dérangées pendant qu'elles faisaient la toilette d'un patient. Une intrusion somme toute relative. Quelqu'un qui actionne la poignée d'une porte en vous disant bonjour tout en restant sur le pas de cette même porte avant de repartir aussitôt, j'ai connu situation plus dérangeante.

* * *

– Bonjour !

– Oh là là, c'est gentil ! Merci maman.

La voix éraillée et les yeux ébahis lorsque mon chiffon vient nettoyer l'interrupteur de sa chambre ne laissent pas de place au doute. Cette patiente était retombée en enfance. La sénilité, disent les sachants. Elle était là depuis plusieurs semaines à me confondre avec sa maman qui, au vu de son âge avancé, ne devait plus être de ce monde depuis un certain temps.

Parfois, j'oublie que j'officie dans un hôpital spécialisé dans la gériatrie. Non pas que je ne voie pas les patients. Mais plutôt parce qu'à force de les voir, je les perçois comme des mômes. Il y a par exemple celui dont la plainte et les gémissements me poursuivent jusque tard dans l'après-midi : je finis souvent mon service par sa chambre et par les rampes à proximité, au dernier étage de Sainte-Périne. C'est un monsieur chauve, parfois coiffé d'un bonnet, qui n'est quasiment jamais dans son lit. Plutôt allongé dans ces fauteuils inclinables qui servent en général de siège à ceux qui vous rendent visite. Son inconfort est total mais l'homme au bonnet l'utilise pourtant sans vergogne, le préférant à son lit. La position assise lui rappelle peut-être un voyage, en train, en avion, une réception dans un salon, une réunion de famille, un anniversaire… Quand la station couchée pourrait être perçue comme le premier corridor de la mort… S'allonger, c'est aussi comprendre qu'un jour prochain, peut-être, on ne se relèvera plus.

L'homme chauve au bonnet est passé maître dans l'art d'interpeller quiconque a l'outrecuidance de passer devant la porte de sa chambre. Non pas en l'appelant mais en gémissant fortement : *Haaaan, haaaan, haaaan, haaaan.* La voix est grave, presque gutturale. Un seul passage peut déclencher cette alarme pendant de longues minutes. Il se retrouve soudain à geindre comme un enfant qui vous réclame quelque chose, sans articuler ni faire de phrase. *Haaaan.* Sans discontinuer. Sans faiblir. Il joint souvent le geste à la « parole ». Il tend le bras devant lui à la manière de quelqu'un qui hèle un taxi et agite la main comme s'il voulait faire claquer ses doigts. Mais aucun son articulé ne sort. Ou alors s'il sort, il est couvert par sa voix. *Haaaan.*

Ma première réaction avait été de croire que cet homme était dans une détresse absolue. Qu'il appelait à l'aide. Que je devais sans doute avertir quelqu'un. Puis, après une rapide analyse de la situation, j'avais rétropédalé. En effet, la première fois que je l'avais entendu geindre depuis l'autre bout du service, le son était monté crescendo. En général, je mettais entre douze et quinze minutes pour venir à bout d'un service. Pendant tout ce temps, il n'avait cessé son hululement, toujours sur le même rythme. Pas plus vite. Pas plus fort. Une fois que j'étais arrivé à la hauteur de sa chambre, rien ne changea lorsqu'il m'aperçut. Du moins dans la voix. Car à ma vue, il leva le bras dans ma direction, agita sa main comme si j'étais censé le ramener chez lui dans les plus brefs délais.

Mais si je l'entendais de l'autre bout du service, il en était évidemment de même pour les soignants présents. Donc mon inquiétude n'avait pas lieu d'être. L'homme chauve au bonnet avait développé une forme de TOC qui ne méritait pas que l'on s'attarde. C'était ennuyeux, bruyant, incommodant – il était d'ailleurs seul dans sa chambre là où les patients vont souvent par deux –, mais pas grave.

Je l'ai vite compris lorsque je vis un jour une soignante s'approcher à pas de loup de sa chambre, passer la tête dans l'entrebâillement de la porte pour s'enquérir de l'état de l'homme chauve au bonnet. Il dormait à poings fermés dans son fauteuil. Je l'avais d'ailleurs imitée en nettoyant la poignée de sa porte sans faire de bruit. Impasse avait été faite sur la poignée intérieure et sur l'interrupteur. J'imaginais alors que tout le service m'avait su gré de ce léger répit.

* * *

Le temps qui passe n'y peut rien, je préférerai toujours confesser le silence qu'écouter les râles.

* * *

Bien que le cas de l'homme chauve au bonnet soit à part, il n'était pas rare d'être confronté à, ou d'entendre, la véritable souffrance chez certains. Quand ils vous confondaient avec un membre de leur famille, cela restait amusant. Mais quand ils vous demandaient, quand ils vous imploraient de venir à leur secours parce qu'ils souffraient trop, là il fallait que je m'accroche. La douleur physique se transfère, s'infiltre, s'accroche au plus profond même de la vaillance. Et la décourage. J'ai souvent connu ce frisson qui me parcourait la nuque à la vue d'un patient mal en point sur son lit médicalisé. Qui avait du mal à respirer, qui peinait à se mouvoir dans son lit. Lit qui n'était plus qu'un bien maigre terrain de jeu, ne délimitant qu'un espace vital qui ne le resterait sans doute plus très longtemps.

Et au loin, moi qui passe furtivement devant eux sans jamais avoir le temps de connaître leur pathologie.

Et eux qui luttent littéralement contre la mort.

L'hôpital est l'arène hygiéniste et aseptisée où se disputent les derniers combats. Je suis devenu un spectateur, plutôt malgré moi et sans vraiment le vouloir, de ces ultimes joutes.

* * *

Bien sûr, à Rossini, on n'a jamais attendu le Covid-19, sa comorbidité et sa surmorbidité, pour être confronté à la mort. Mais à Lebard-Gatineau, le turnover était encore plus rapide, quasi journalier. Je n'avais souvent pas le temps de me souvenir précisément d'un malade qu'il avait déjà rejoint l'au-delà. Et avait été remplacé par un autre dont l'espérance de vie n'était guère réjouissante.

Mais tous n'étaient pas si proches de la délivrance finale. C'est d'ailleurs là que j'ai rencontré Dhalsim.

Un matin, j'attaque la poignée d'une chambre qu'habituellement je trouve fermée. Celle-ci est grande ouverte vers l'extérieur si bien que c'est la poignée intérieure qui me fait face. Avec la chambre sur la droite. D'un rapide coup d'œil, je comprends qu'elle est occupée. Au moment de rabattre la porte pour attaquer la poignée extérieure, mon regard se pose sur l'occupant. Un monsieur d'une maigreur inégalée a adopté une position que je qualifierais de lotus allongé. Comme s'il était assis en tailleur dans son lit, et qu'ensuite il avait basculé sur le dos en gardant ses jambes croisées, lesquelles sont enveloppées dans des bandages, de la cheville jusqu'aux genoux. Sa maigreur m'atterre, notamment celle de ses cuisses, à peine plus épaisses que la partie de ses jambes bandées. Cela doit se jouer à un demi-centimètre près. Je n'ai jamais vu quelqu'un d'aussi rachitique. Si le muscle de la cuisse, le plus volumineux du corps humain, celui qui supporte en grande partie le poids du corps et permet à l'humain de se mouvoir, est communément appelé quadriceps, ce monsieur ne devait plus avoir qu'un duoceps voire un monoceps.

Son atrophie en tout cas m'a immédiatement fait penser à Dhalsim, le personnage de fiction, issu de *Street Fighter*, le jeu vidéo au succès mondial. Dhalsim, le combattant capable d'étirer ses membres à volonté grâce à ses connaissances en yoga. Et de frapper son opposant tout en le gardant à bonne distance. L'homme en question était sans doute originaire d'Inde. Comme Dhalsim. La mélanine de sa peau ainsi que les traits de son visage le laissaient en tout cas supposer. Il était chauve. Comme Dhalsim. Et la position adoptée dans le lit faisait clairement penser à celle d'un maître yogi. Il ne m'en a pas fallu plus pour le rebaptiser. Avant de reprendre mon travail.

* * *

– Bonjour !

Il m'est parfois possible de lire dans les yeux l'espoir que suscite l'arrivée d'un être humain quand je fais irruption sur le pas de la porte de leur chambre : tous les patients conscients espèrent de la visite. Visite qui ne risquait pas d'arriver avant un bon bout de temps. La pandémie est venue bousculer les règles et les ordres établis. Quelle douleur et quelle peine cela doit être pour les familles qui ne peuvent venir rendre visite à un proche ! En l'occurrence, à Sainte-Périne, ce sont des parents, des grands-parents, en fin de vie pour certains, qui sont privés de visites d'enfants, de petits-enfants, d'arrière-petits-enfants.

La tristesse de la situation n'a pas d'égal.

* * *

Ce matin, je descends les escaliers de la cité Floréal avec une certaine allégresse. Même si le réveil pique un peu, après la prière et le bol de flocons d'avoine, il faut bien que je me prépare pour retourner bosser et cette simple sensation, cette envie même, me fait toujours un bien fou. Pourtant les chaînes en continu, déjà allumées, continuent leur lent travail d'épandage d'angoisse collective. Manipulation, désinformation ? Je l'ignore, ce que je sais c'est que je n'ai jamais autant regardé BFM TV que depuis que je suis chez ma sœur. La faute à sa box : lorsqu'on l'allume, la télévision se branche immédiatement sur cette chaîne. Chaque fois ou presque, le duo de journalistes qui anime la matinale évoque l'unique sujet du moment. Comme j'en suis désormais partie prenante, et même si je n'en suis qu'un obscur maillon, cela suffit pour que je reste scotché.

Il faut que nous filions pourtant, Zaky et moi. Depuis quelques semaines, nous circulons avec la voiture de ma sœur. Le trafic routier étant extrêmement limité et Nok n'utilisant plus son véhicule, cela nous permet de nous rendre plus rapidement sur notre lieu de travail. Comme chaque matin, le Touran toussote avant de démarrer.

Il y a quelques jours, il nous a fait le coup de la panne. Il a fallu se démener pour reprendre le fameux triptyque des banlieusards, bus-RER-métro. Échangeant nos vingt minutes classiques passées sur un périphérique déserté avec une grosse heure de transhumance. Nous sommes arrivés un peu en retard, mais « Chef » ne nous en a pas tenu rigueur.

Habituellement, en effet, la fluidité de la circulation imposée par le confinement nous semblait presque irréelle tant les artères étaient vides. L'itinéraire était d'ailleurs devenu si classique et si simple que je n'y prêtais garde, hormis lorsque nous nous extirpions du périph.

Parce que la sortie de la porte d'Auteuil me ramenait toujours à mes souvenirs de l'époque où je jouais au Stade Français. Après une séance de musculation au stade Jean-Bouin, certains d'entre nous prenaient les voitures floquées du logo du club, d'autres enfourchaient leur scooter pour une longue procession jusqu'au stade du Saut-du-Loup – rebaptisé depuis stade Christophe-Dominici – à l'orée du bois de Boulogne. Le midi, entre deux entraînements, nous déjeunions au restaurant-cantine de Roland-Garros… Souvenirs délicieux, mais fugaces : ce matin, je dois laisser le court Philippe-Chatrier sur ma droite, passer devant l'hippodrome d'Auteuil. Au niveau de la Brasserie Auteuil, la fierté m'envahit systématiquement. Le chef cuisinier du restaurant n'est autre que mon petit frère Mani. Lui aussi est au chômage technique actuellement, mais je ne peux m'empêcher de penser que si nous n'étions pas frappés par cette sinistre période et si le restaurant était ouvert, nous déjeunerions ensemble tous les midis. Nous trois. Zaky et ses deux oncles. Puis je me rends compte de ma stupidité. Si nous n'étions pas en période de confinement, je ne serais pas là.

Je serais à l'entraînement au stade municipal de Montredon, notre terrain d'entraînement à Carcassonne. Là où je joue depuis 2018…

En attendant d'y retourner, je laisse la brasserie derrière moi et nous empruntons tranquillement la rue Molitor qui nous mène tout droit devant l'hôpital.

Une centaine de mètres plus loin, je ralentis pour entrer dans le parking des employés. Zaky descend et sonne à l'interphone. Le portail vert s'ouvre avec cette lenteur guindée et sans à-coups si typique des beaux quartiers, nous nous garons en évitant les frondaisons qui crachent chaque jour leurs fientes de pigeons et de moineaux.

Devant Rossini, Zaky tape le code sur le clavier désinfecté par mes soins la veille et pousse la grille. Puis nous entrons dans le bâtiment de droite.

– Bonjour !

C'est mon bonjour le plus hypocrite qui soit.

– Bonjour, répond la dame de l'entrée. Vous allez bien ? Vous voulez un croissant ?

– Non merci, c'est gentil.

Tu peux te le bouffer ton croissant. Il y a quelques jours, j'avais eu maille à partir avec elle. L'accueil serait ainsi son métier ? Elle m'avait vertement reproché d'avoir éteint la lumière dans une pièce pendant que je la nettoyais.

– Il est où le monsieur, là ? Il est où ?

J'étais en train d'astiquer le téléphone mural de l'espace détente qui se trouve à l'opposé de l'accueil, quand elle m'avait interpellé à travers la pièce !

– Dites donc, monsieur ! Quand vous éteignez la lumière il faut la rallumer. Vous vous croyez où ?

Mon esprit s'était arrêté sur cette dernière phrase. Où me croyais-je ? Où aurais-je pu me croire ? Dans un endroit où éteindre les lumières sans autorisation préalable ne serait pas un acte répréhensible ? Cet endroit existe-t-il ? Si oui, emmenez-moi là-bas ! Je veux pouvoir profiter pleinement des interrupteurs en toute impunité.

– Monsieur ! C'est à vous que je parle !

– Désolé, je n'avais pas fait attention…

Elle avait tourné les talons après avoir obtenu des excuses. Quant à moi, je venais de me faire gronder en bonne et due forme. Pour une peccadille. Mon agacement avait enflé d'un coup. Je me parlais à moi-même. Est-elle sérieuse, cette femme ? De s'adresser à moi comme ça, juste parce que j'ai éteint une lumière ?

Je décidais d'en faire mon ennemie jurée.

Mais entre-temps, elle avait eu vent de ma notoriété déclinante de rugbyman et de ma notoriété ascendante d'agent d'entretien. Et comme tout le monde, elle voulut se faire bien voir. Entrer dans mes bonnes grâces. Le jour même, alors que je repassais devant elle avec Chef, sans doute par une opération du Saint-Esprit, son attitude avait entrepris le grand virage de la flatterie malvenue. Sourire mielleux. Regard qu'elle pensait chaleureux. Elle interrogea Chef :

– C'est bien lui ?

Il opina.

– Ben merci. Pour ce que vous faites hein ! (Sourire.) Et bienvenue dans l'équipe ! Il y a des croissants si vous voulez.

Malgré son insistance, j'avais décliné l'offre dans un sourire forcé…

Béziers, premier épisode

Il y a quinze ans, quand j'avais chaussé les crampons pour la première fois, j'étais loin de m'imaginer tout ce qui allait suivre. On m'avait prédit un bel avenir dans le rugby. Le professeur qui nous avait accompagnés sur mon premier tournoi universitaire m'avait fait cette confidence : « Si tu prends une licence, dans trois ans tu peux devenir professionnel. »

Ma seule réponse à ce surprenant présage fut mon air ahuri.

Je l'avais pris pour un fou.

Néanmoins ce professeur ne s'était pas vraiment trompé. Il m'aura fallu cinq ans pour devenir joueur de rugby professionnel. À 27 ans, j'avais quasiment dix ans de plus que la plupart de mes coéquipiers qui signaient leurs premiers contrats dès la majorité.

Le mien me fut proposé par Béziers. Le grand Béziers, « l'AS Béziers » même, le club historique du rugby français, ses onze titres de champion de France, sa mainmise sur le monde de l'ovalie dans les années 1970 notamment, son image de marque, son stade Raoul-Barrière qui remplaça il y a une bonne trentaine d'années le mythique stade de Sauclières qui faisait tant trembler les équipes visiteuses.

Avant d'atterrir dans cette ville, j'avais donc écrémé le championnat de France de Fédérale 1 pendant cinq années. Dans une progression constante, j'avais commencé dans des équipes qui n'avaient pas de réelles ambitions de monter à l'étage supérieur : Montluçon, Orléans, Domont, pour finir à Massy sur une demi-finale d'accession en Pro D2, le premier échelon du professionnalisme, dont l'évocation même me procure une vive douleur tant cet échec fut difficile à digérer. Probablement ma plus grosse déception sportive.

J'avais ensuite quitté Massy le cœur lourd en promettant à mes partenaires que je reviendrais si d'aventure ils montaient en division supérieure : ma soif de haut niveau et mon cheminement personnel m'avaient poussé à accepter le challenge biterrois. Ma première saison à Béziers fut particulièrement riche en émotions. L'institution suscitait un engouement et déchaînait les passions. Tant à l'extérieur qu'au sein du club. Même si je ne savais pas vraiment où je mettais le bout de mes crampons en arrivant, la folie autour de l'équipe et la fougue des supporters me convenaient à merveille. L'accueil de ces derniers a été exceptionnel : et cela constituera mon premier regret quand je me résoudrai à quitter le club au bout d'une saison pour retourner à Massy parce que mes comparses étaient parvenus à grimper en Pro D2, la fameuse deuxième division. Pendant qu'avec Béziers nous luttions pour le maintien à ce niveau professionnel justement, Massy virevoltait à l'étage inférieur pour obtenir une accession de haute volée.

Je l'ignorais encore mais ma relation forte avec l'Hérault n'avait pas pris fin. Je suis donc revenu à Massy pour un parcours en dents de scie, à faire l'ascenseur entre la

Pro D2 et la Fédérale 1. Relégation, accession, relégation ponctuèrent ainsi mes trois saisons de banlieusard.

À l'issue de la dernière descente en Fédérale 1, j'avais décidé de retourner à Béziers.

Je retrouve un club qui a manifestement grandi, dont les ambitions ont été revues à la hausse. Et même si nous, joueurs, ne parlons pas de montée en Top 14, l'élite, les supporters s'en chargent. La première saison nous verra manquer la qualification pour rien, un misérable point de bonus. La seconde sera plus chaotique avec le traditionnel changement d'entraîneur en cours de saison.

À titre personnel les choses se déroulèrent plutôt bien. Je jouais régulièrement et on me confiait même le capitanat par moments. Jusqu'à ce que…

Après les victoires à domicile, le maire de la ville venait régulièrement nous serrer la main. Cérémonial que je parvenais à éviter : je m'éclipsais toujours le temps que l'édile fasse le tour du vestiaire, je n'avais aucunement envie d'être associé à lui de quelque manière que ce soit.

Je pense qu'il n'avait pas remarqué jusqu'alors mon absence systématique dans les vestiaires. Je crois qu'il ne savait probablement même pas qui j'étais. Jusqu'à ce fameux jour d'octobre 2015.

Une réaction primaire à l'actualité sur les réseaux sociaux avait mis le feu aux poudres. Comme bon nombre de gens sur Facebook, j'ai donné mon avis alors que personne ne me le demandait.

Je réagissais à une campagne d'affichage odieuse qui avait eu lieu ici même, dans cette ville pour laquelle je me donnais corps et âme. Des affiches 4 × 3, des panneaux d'abribus tout comme le magazine de la ville arboraient des photos d'hommes et de femmes décrits comme des migrants avec la mention : « ILS ARRIVENT ». Des hommes photographiés de dos, capuches parfois sur le crâne, devant une église qu'ils semblent vouloir prendre d'assaut. Monstrueux ! Tout cela parce qu'un projet prévoyait d'augmenter la capacité d'un centre accueil pour demandeurs d'asile.

Il ne m'en avait pas fallu plus pour me faire sortir du bois.

J'avais alors écrit un texte sur ma page Facebook au sortir d'un entraînement. En voici un extrait…

« En ce jour, comment ne pas profiter de l'occasion pour rendre hommage à la migrante. La migrante qui est accessoirement ma maman. Cette même migrante qui, arrivée en 1978 sur le sol français, a tout fait pour élever ses enfants dans la droiture et la religion. Une religion qui n'était clairement pas majoritaire mais qu'elle n'abandonna jamais malgré les difficultés. Et elles ont été nombreuses… Notamment le veuvage dans lequel elle continua de nous élever mes quatre frères et sœurs et moi [...] sans jamais se plaindre à qui que ce soit [...].

La migrante a bénéficié d'aides bien entendu. La CAF, le RSA… D'aucuns diront sans doute est-ce là ce qui l'a motivée à quitter son pays natal… [...] Eh bien, non monsieur. La migrante a travaillé. Plus que de raison parfois. Au péril de sa santé pour nourrir ses enfants. Pour continuer à les habiller dignement, pour éviter que la couleur de leur épiderme qui représentait déjà une barrière ne vienne être alourdie par autre chose. Quelle plus belle preuve d'intégration que d'élever ses enfants à devenir de bons citoyens ? Mais ne vous méprenez pas. La migrante n'a pas essayé de nous franciser. Il n'y avait pas de gratin dauphinois ni de bœuf bourguignon à table. Plutôt du kabato, du riz, du riz et encore du riz… Non, elle nous a élevés selon ses valeurs. Quel merveilleux paradoxe. »

Le lendemain, un journaliste parisien m'avait interrogé à propos de ce texte. Je lui avais gentiment répondu que ces quelques phrases étaient avant tout un hommage à ma mère. Il avait pourtant jugé bon de titrer que je m'adressais au maire de la ville. À la sortie de l'article, les nombreux messages et appels en absence m'indiquaient qu'il se passait quelque chose.

Mon texte était remonté jusqu'au plus haut sommet de l'hôtel de ville.

La mairie avait téléphoné au club. Je ne connaîtrai jamais la teneur des propos qui furent échangés. Ce que je sais, c'est que le club m'avait appelé dans la foulée.

Mes interlocuteurs m'avaient fait comprendre que même s'ils respectaient ma liberté de parole, c'était délicat de m'exprimer ainsi puisque j'étais avant tout identifié comme un joueur de Béziers.

En plus du nombre impressionnant et inattendu de partages dont mon texte faisait l'objet, je devais faire face à une polémique que je n'avais pas voulue. Polémique qui m'amènera malgré moi à croiser le maire de la ville. Quelques semaines plus tard, après un match, il avait demandé à me rencontrer. J'avais accepté à la condition impérative que cela se fasse à l'abri des objectifs et des journalistes. Nous nous étions croisés dans un couloir du stade, tout en me serrant la main, il m'avait lâché :

– Ne me jugez pas, vous ne me connaissez pas.

– Je ne vous juge pas, je juge votre parole et vos actes, avais-je répondu.

Nous nous étions quittés sur ce bref échange.

Je dus dès lors composer avec la notoriété naissante de trublion qui n'hésitait pas à apostropher les politiques. J'espérais rester plus connu pour mes performances sur les terrains que pour mes différends avec ceux qui nous gouvernent. Même si les supporters, eux, étaient toujours derrière moi. Leurs messages de soutien et les marques de sympathie étaient légion.

Cela ne manqua pourtant pas d'accélérer la fin de mon expérience biterroise : avant le terme de mes deux années de contrat, nous avions entamé des négociations pour une éventuelle prolongation mais les discussions tournèrent court. Le club m'a fait une proposition aux antipodes de ce que j'aurais pu espérer. Une manière détournée de me montrer la sortie ? La technique est connue : on ne vous dit pas qu'on ne vous garde pas, mais on vous propose un contrat avec une rémunération ridicule dont les deux parties savent pertinemment qu'elle est inacceptable.

Je fus bien trop heureux de signer au Stade Français Paris. Le club dont j'étais un supporter fervent depuis que je m'intéressais au rugby.

Là encore, mon expérience fut de courte durée, bien loin de ce que j'escomptais, hélas. Je déchantai assez vite. Une dizaine de matchs joués, une saison catastrophique, un coach détaché et peu prolixe, un départ anticipé au bout d'un an et une grosse perte de confiance en moi. Le rêve s'était transformé en cauchemar.

Le seul point positif ? Les rencontres avec Paul, Marvin, Rémi et bien d'autres, des coéquipiers devenus des amis.

Jusqu'à ce que Carcassonne me redonne goût au jeu. J'y suis depuis 2018, j'y ai commencé ma troisième et dernière saison. Celle qui viendra clôturer le chapitre Rugby du livre de ma vie.

* * *

Mon filet de chiffons sales est bien lourd maintenant. Ma tâche du jour touche à sa fin. Le brouhaha ambiant résonne bien plus fort aussi. C'est l'un des marqueurs de la fin de ma journée de travail qui tranche avec le calme relatif du début de matinée. Les chariots de plateaux-repas, le linge sale, les ASH. Chacun effectue sa part dans ce ballet incessant qui a pour scène l'hôpital. Quant à moi, ma partition arrive à son terme, et je lorgne un déjeuner et un repos bien mérités. Sur le chemin du retour, baluchon de chiffons sales sur l'épaule, masque sur le nez, ma respiration ne s'est toujours pas améliorée mais je suis saisi d'une certaine allégresse. Celle du travail bien fait et de la mission accomplie. Je suis physiquement fatigué, comme toujours… Mais je suis heureux. Un bonheur simple qui surpasse tous les désagréments.

* * *

– Madame Leboulanger, vous souhaitez le Doliprane ? Le Doliprane ?

L'ouïe de certains patients est en corrélation avec leur âge avancé. En réponse, Mme Leboulanger a baragouiné quelque chose d'inaudible pour moi mais sans doute compréhensible pour celle qui s'occupe d'elle depuis des jours, voire des semaines. La soignante s'affaire à faire sortir le petit cachet blanc connu de tous les Français de sa pellicule d'aluminium. Je m'affaire sur ma poignée sans doute faite du même alliage. Puis je quitte les lieux.

* * *

L'homme est debout. Il fait les cent pas. Son père est là aussi. Plus calme. Ils sont rejoints par les deux infirmières qui viennent de me dépasser dans le couloir. J'ai tout de suite compris. D'habitude, à part mes chiffons et moi, il n'y a personne dans ces salons. Les visites étant suspendues, quand des personnes autres que les soignants et les nettoyants s'y retrouvent, ce n'est jamais de très bon augure.

Le père est assis dans le petit salon. À ses pieds, une multitude de sacs remplis d'effets personnels. Le fils et les deux infirmières se tiennent debout face au couloir. J'ai dû les contourner pour accéder au bouton d'ascenseur que je m'apprêtais à désinfecter.

Des bribes de conversation me parviennent.

– Oui… ça s'est accéléré très vite.

– Effectivement. Avant-hier, ça allait encore.

– De toute façon, nous avions été plus ou moins prévenus…

– Vous voulez vous asseoir ?

Je me dirige vers l'autre ascenseur et la baie vitrée. La discussion continue.

– Vous devez me remettre un certificat de décès, je crois.

– Non, les papiers, nous nous en chargeons. Là, elle va être transférée à Ambroise-Paré. Puis le transporteur entrera en contact avec la chambre mortuaire qui ensuite préviendra les pompes funèbres.

– Et le certificat ?

– On l'enverra directement à la mairie du XVIe.

En m'engouffrant dans la maison suivante, je me demandais qui était cette femme emportée par le virus. La mère du jeune homme ? L'épouse de celui qui semblait plus âgé ? J'avais sûrement dû la voir. Je suis là six jours sur sept. J'avais même probablement dû astiquer la poignée de sa porte. La saluer peut-être. Échanger un sourire. Mais impossible de me souvenir, de remettre un visage en mémoire. Peut-être n'était-elle qu'une patiente parmi ceux avec qui je n'avais aucune interaction : les patients-portes-fermées, comme je les appelais.

J'aurais pourtant aimé me souvenir d'elle. Pour lui rendre hommage.

Je me sentais trahi. Floué. Berné. J'avais craint le service réservé aux malades âgés, puis je m'étais laissé amadouer. Aujourd'hui, pour la première fois à Sainte-Périne, j'étais confronté à la mort d'une façon violente, sans préavis.

Couz, un homme comme on en fait peu

Le moral est bon ce matin. Couz a motivé ses troupes comme il sait si bien le faire. À grands coups de blagues et de taquineries !

– De toute façon, Doukara, tout le monde sait que tu dragues Mariam en douce. Arrête de faire croire le contraire !

Grands éclats de rire !

– Quoi ? Moi ? Mais Moussa, tu racontes n'importe quoi. Moi, je suis marié hein.

– De toute façon, moi z'ai dézà mes deux maris, intervient Mariam. Y a le Grand-Chéri. (C'était moi.) Et y a le Petit-Chéri. (C'était Zaky.)

Couz savait en tout cas mettre une bonne ambiance dans l'équipe, sans jamais abuser de sa position hiérarchique. Même s'il pouvait parfois être dur, il restait juste envers tout le monde. Bon, Zaky et moi bénéficiions peut-être d'un léger traitement de faveur. Mais je n'étais même pas sûr que les autres s'en soient aperçus. Cela faisait dix-sept ans que Couz travaillait pour la société Arc-en-Ciel. Dix-sept ans ! À l'heure où le marché de l'emploi connaît de perpétuels soubresauts, cela vous classe un homme.

Père de famille et mari aimant, Couz a deux filles de 6 et 4 ans. Sur lesquelles je peux affirmer qu'il n'a aucune autorité : elles le mènent par le bout du nez. Son frère étant marié à ma sœur, nous nous sommes souvent retrouvés tous ensemble. Et là, je voyais ses filles tenter de semer la zizanie. Seulement, chez ma sœur, on ne sème rien, encore moins la zizanie. Je me rappelle ainsi un repas de famille où nous étions tous attablés. Sauf les filles de Couz qui refusaient de rester assises. Elles préféraient jouer : courir autour de la table pendant que tout le monde mangeait leur semblait un programme bien plus amusant que de manipuler fourchettes et couteaux. Leurs parents avaient tout essayé en vain. Je sentais l'agacement monter chez ma sœur. Je le savais, car c'était le même agacement qui parcourait mon corps. Si bien qu'au bout d'un moment, au beau milieu du brouhaha, Nok se leva, attrapa les deux rebelles par le col et leur tint ce discours :

– Écoutez bien. Vous voyez votre père là-bas ?

Si Couz avait pu se cacher sous la table, il l'aurait fait.

– C'est bien simple, reprit-elle après avoir laissé le temps aux filles de voir que leur paternel ne pouvait plus rien. Même lui, il a peur de moi. Ok ! Alors maintenant vous mangez, ou sinon c'est la punition.

Elle n'avait guère besoin de détailler le genre de punition, le ton était bien trop convaincant. Nous pûmes finir le repas dans un calme relatif. Les discussions d'adultes avaient repris, seules trois personnes étaient tranquilles à table. Les deux filles et leur géniteur.

À l'hôpital, Couz était connu de tous, sans exception : du livreur de plateaux-repas au préposé au linge sale, de l'infirmière lambda à la directrice de l'hôpital. Il avait bonne presse auprès de tout le monde. Et mon arrivée dans l'équipe de nettoyage avait encore fait monter sa cote de popularité d'un cran. Quand il passait dans les couloirs, des malades même mal en point le reconnaissaient et le saluaient avec chaleur. Alors que, parfois, ils pouvaient m'ignorer royalement.

Couz avait toujours un mot gentil, ou une boutade, pour chacun d'eux.

– Mais t'es encore là, toi ?

– Mais oui, Moussa, j'ai encore mal.

– Mais non, tu fais semblant pour manger gratos, ha ha ha !

J'étais subjugué. Les médecins qui m'interpellaient dans les couloirs de l'hôpital pour me féliciter de ma démarche ne manquaient jamais de mentionner Couz. J'avais rarement vu quelqu'un faire autant l'unanimité. Quand l'équipe de France 2 est venue me suivre à l'hôpital, j'ai tenu à ce qu'il apparaisse à l'écran. Après tout, je lui devais beaucoup dans tout ce qui m'arrivait.

Couz était fier comme un coq. Heureux aussi, c'est quelqu'un qui cherche à être aimé, pas à tout prix, de façon simple ; mais qui cherche aussi l'approbation chez ses congénères. Innocemment, sans dessein. Pour lui. Face caméra – le journaliste lui avait pourtant répété à plusieurs reprises de ne pas regarder l'objectif –, il avait tenu à remercier toute la hiérarchie de la boîte qui l'employait. Sans omettre personne. Jusqu'à la comptable qui établissait les bulletins de paie. Le journaliste avait dû l'arrêter : « Bon, on ne va peut-être pas faire tout l'organigramme non plus. » Ce que Couz ne savait pas, c'est qu'il serait forcément coupé au montage. Et que ses patrons n'auraient aucune chance de le voir réciter son compliment. Mais c'était bien essayé ! Posté dans un coin, j'avais pouffé et lancé un regard complice à Zaky, qui lui aussi retenait son fou rire, l'air de dire : « Ton oncle, quel numéro ! »

* * *

– Vous êtes une menteuse.

– Et pourquoi je suis une menteuse ?

– Ben, parce que vous dites que vous avez mal, alors que vous n'avez pas mal !

La situation m'avait indisposé, j'étais resté prostré, la main sur la poignée de porte.

Jusqu'à ce que les deux protagonistes éclatent de rire ! Ouf…

J'ai toujours été friand de ces moments-là ! Ces échanges entre soignants et patients. Des scènes croquignolettes que je savourais. Des instants que je capturais presque par effraction mais qui enluminaient mon quotidien. J'en avais de plus en plus besoin.

* * *

En cette fin de matinée, je me retrouve dans le hall, devant les ascenseurs. Une patiente à roulettes tente de se faire discrètement la malle. Une soignante s'en aperçoit, goguenarde et amusée, elle agrippe les poignées du fauteuil roulant.

– Vous voulez déjà nous quitter ?

– Mais, mais, mais, j'ai quand même le droit de prendre l'ascenseur !

Je les abandonne pendant leurs palabres et monte dans l'ascenseur car, moi, j'y ai droit.

* * *

Il n'est pas encore 20 heures quand Zaky entre dans la chambre. Il m'a entendu l'appeler à travers la cloison qui sépare sa chambre et le salon.

– T'es chaud ? lui lançais-je.

– Ouais. Et toi ?

– Grave pas, mais bon, on va le faire.

Trois minutes plus tard, ce qui était encore une chambre et accessoirement mon bureau s'est transformé en une mini-salle de sport.

Je suis le programme de préparation physique donné par le club pour nous maintenir en forme. Et même là, Zaky m'accompagne. Alors qu'il n'a aucune obligation si ce n'est de vouloir rester en parfaite santé.

J'admire ce garçon. Bien plus qu'un oncle aime son neveu.

1 477. C'est le nombre de calories que j'ai brûlées aujourd'hui. J'ai parcouru 11,56 kilomètres à pied. Plus de dix mille pas. Et comme si ce n'était pas suffisant, en fin de journée, je me rajoute une séance de sport à domicile. Littéralement harassé, je suis assis à même le sol face au lit superposé, mais cela en valait-il vraiment la peine ? N'ayant aucune visibilité sur l'avenir, je me demande si le sport reprendra un jour. Peut-être ai-je déjà joué le dernier match de rugby de ma carrière sans le savoir ?

– J'ai fini !

Zaky m'arrache de mes turpitudes et m'invite à prendre le chemin de la douche. Je m'exécute en me levant à l'aide du mur. Une fois debout, je me rends compte que je meurs de faim. Un bon repas nous attend et je ne donnerai pas ma part au chien que nous n'avons pas.

Puis il sera temps d'aller se coucher et essayer de dormir tôt (un vœu pieux), car un copié-collé d'aujourd'hui m'attend demain. Et après-demain, et les jours d'après.

* * *

Ce matin, en salle de pause, on s'entend à peine penser. Doukara se plaint de Bala, le chef d'équipe de Sainte-Périne, Mariam prodigue des précieux conseils à une jeune femme, Fatouma, qui a rejoint l'équipe depuis peu, Zakarya a le nez plongé sur son smartphone mais ne perd pas une miette de ce qui se passe autour de lui. L'autre Bakary se plaint de la charge de travail, et des poubelles-conteneurs trop lourdes ou trop nombreuses.

Nous sommes en plein ramadan. La grande majorité de mes camarades jeûnent. C'est comme si les palabres, les éclats de voix avaient remplacé le thé, le café et les tartines de Mariam.

Zoumana, le conducteur des machines qui nettoient le sol, prend à partie Moussa :

– Moussa, je ne suis pas content. Nous tous, on doit profiter de la star.

Je jette un regard furtif à Zaky qui me le rend aussitôt.

– Comment ça ?

– Ah, ben oui ! Moi je dis à toutes les filles que c'est mon cousin, et lui il dit que c'est faux !

– Ben c'est pas ton cousin ! Tu es un Karamoko et lui un Meïté.

Zoumana continue comme si de rien n'était.

– Comme ça si des filles le draguent, moi je prends leur numéro, tu vois. Mais c'est pour lui rendre service, hein.

– Karamoko tu es un bandit, lance Moussa, hilare.

– Y a personne qui va draguer mon Chéri ! vous avez compris ? Ou bien, Chéri, j'ai pas raison ?

– Personne !

Mariam est intervenue et j'ai dû lui emboîter le pas. Nous sommes « mariés » depuis que j'ai posé les pieds dans cette salle la première fois. Elle poursuit :

– Depuis que mon mari t'a vu à la télé, il est trop jaloux, ha ha ha !

Mariam a une nouvelle fois endossé son costume de clown de service pour détendre une atmosphère qui n'en demandait pas moins.

Elle a enchaîné, et maintenant c'est Moussa la cible de ses railleries enfantines. Selon ses dires, Moussa jouit d'une véritable cote de popularité auprès de nombreuses soignantes et, toujours d'après elle, aurait franchi le Rubicon avec certaines d'entre elles. Tout ceci est bien évidemment faux. Et pour agrémenter son récit, elle l'illustre avec des phrases improbables qu'elle jure avoir entendues : « Alors Moussa, ma voiture est en panne tu peux me déposer à la maison » ou alors « Moussa, pourquoi tu ne viens jamais déjeuner avec nous le midi » ou bien encore « Moussa, si tu as besoin de quoi que ce soit, tu me le dis hein ». Elle se mord l'intérieur de la joue pour ne pas rire et donner de la crédibilité à ses sornettes et cela accentue ses fossettes.

Le rayon de soleil Mariam a fini de rebooster tout le monde. On peut alors se disperser.

* * *

L'hôpital a aménagé un espace détente qui donne sur le jardin. Ils l'ont pensé comme un sas de décompression pour tous les soignants qui travaillent d'arrache-pied depuis maintenant tant de semaines. À l'intérieur, thé, café mais aussi des denrées gracieusement offertes par le Franprix du coin. Certains apportent aussi des gâteaux faits maison et des quiches du même acabit. Même ma nièce Mariam a mis la main à la pâte et, avec Zakarya, nous avons apporté aujourd'hui un délicieux gâteau au yaourt. Il y a des chaises et des tables installées dehors. Les soignants profitent des trop rares rayons de soleil de ce mois de mai. Par petits groupes, dans le respect des règles sanitaires en vigueur. Il suffit parfois de peu de chose pour se sentir mieux.

Le kompa et M. Sava

Il y a bien des jours où la musique m'a accompagné, suivi, précédé même. Ce matin, je m'apprête à pénétrer dans le service Apollinaire quand me parviennent les accords d'une musique qui en ce lieu me paraît irréelle. Les enchaînements à la guitare basse ne trompent pas, je souris sous mon masque. C'est du kompa. Cette musique me ramène à une époque pas si lointaine où non seulement je l'appréciais, mais je la dansais. Pour les non-initiés, le kompa, c'est comme le zouk qui déferle régulièrement de nos contrées ultramarines. Mais le kompa, originaire d'Haïti, est beaucoup plus technique à danser. Les notes rapides qui s'égrènent me rappellent ces soirées où nous écumions les boîtes et autres discothèques parisiennes, à la recherche de partenaires occasionnelles…

Le soupir qui vient clôturer ma rêvasserie est presque synchro avec le bonjour de l'aide-soignante qui passe devant moi.

Je rougis sous le masque, mais ma couleur de peau me permet de ne pas perdre la face. Son regard furtif mais non sans malice ne trompait pas. C'est comme si elle avait réussi à percer la bulle de rêverie, qui en volutes se délitait au-dessus de ma tête pendant que je nettoyais maladroitement la rampe qui longeait le poste infirmier.

Service après service, je repris ensuite mon apostolat, vaille que vaille, virevoltant entre les chariots, les poubelles, les déambulateurs et autres fauteuils roulants, au rythme de la musique que j'avais entendue en arrivant. Dans ma tête bien entendu. Les mouvements restaient circonscrits aux limbes de mon cerveau. À qui j'intimais l'ordre de ne pas envoyer d'info ni à mes membres ni à mes muscles. Ils n'étaient pas là pour faire la java. Mais pour nettoyer.

Soudain, devant moi, une patiente plus vigoureuse que ses congénères s'est retrouvée à faire du porte-à-porte. Tel un VRP, elle passe de chambre en chambre. S'arrêtant sur le pas de chacune d'elles. Passant sa tête comme pour s'assurer que le compagnon de fortune a tout ce dont il a besoin. Elle m'arrache un sourire. Elle sait bien qu'elle n'est pas autorisée à le faire, mais elle s'en est octroyé le droit. Et ça n'a pas l'air d'affoler qui que ce soit.

La patiente alitée dans la chambre suivante a les pieds si déformés que je laisse échapper un léger cri d'étonnement. Si ce n'était la position de son corps, jamais je n'aurais deviné qu'il s'agissait de ses pieds. Totalement difformes. Cela me sidère tellement que je ne songe même pas à regarder son visage. Mon attention est captée par ses extrémités, comme si j'étais saisi d'une fascination presque morbide, comme si je n'arrivais plus à me détacher de ces excroissances monstrueuses.

L'enfilade des chambres est sans fin, catalogue des malheurs et des souffrances.

La patiente d'après dort plus paisiblement. Il m'arrive d'en vouloir à celles et ceux qui se reposent pendant mon passage éclair. L'impression de manquer un échange avec eux. L'occasion d'un dialogue, moins même, un mot, un sourire peut-être, un regard. Ce sont ces instants rares qui me font avancer et aimer ce que je fais ici. Un clin d'œil, un bonjour, une joie qui semblent s'échapper de lèvres jusqu'alors immobiles sont comme des petites piqûres ensoleillées et énergétiques que m'offrent ceux qui vont mal, on dirait qu'ils veulent m'aider à mener à bien ma mission.

Ce n'est pas toujours le cas, certains patients me regardent parfois avec dédain, d'autres m'ignorent, mais même ces comportements comptent. Ils me permettent de nourrir mon imaginaire. Je prête des vies qui ne sont sans doute pas les leurs. J'invente des passés, je ripoline des existences que je ne connais ni les unes ni les autres. Je leur trouve des excuses, je convoque des bravoures et des succès, des liesses et des allégresses. Et, puis, au fond de moi, je les plains d'être ici, malades on ne peut plus vulnérables, on ne peut moins vivants. J'apporte simplement mon soutien silencieux, ma protection minuscule. J'époussette et frotte en tentant de dresser une frontière imperméable entre eux et le virus. J'ai conscience que mon apport est minime par rapport à celui d'une infirmière, d'un aide-soignant ou d'un médecin réanimateur. Il n'en demeure pas moins que ma petite contribution compte en bout de chaîne. C'est le sens que j'y vois. Et cela suffit à me rendre un peu moins triste face à la lente dérive des uns et des autres.

* * *

J'arrive dans la chambre de Sava.

– Bonjour.

– Ça va ?

– Oui.

Ma courte tâche finie, je tourne les talons. Rien ne sert de parler avec Sava. Le surnom dont je l'ai affublé est sans équivoque. Il m'avait fallu deux, trois visites pour me rendre compte que la seule chose que Sava disait c'était : « Ça va ? »

Nos premiers échanges ressemblaient à peu près à ça :

Moi : « Bonjour. »

Lui : « Ça va ? »

Moi : « Oui et vous ? »

Lui : « Ça va ? »

Moi : « Ah ben, tant mieux. »

Lui : « Ça va ? »

Moi : « Oui, oui. »

Lui : « Ça va ? »

Moi : « … Bonne journée, monsieur. »

Lui : « Ça va ? »

Quand je passais dans la chambre, sa voix pincée mais grave résonnait dans ma tête jusqu'à la fin de mon service.

* * *

La porte du poste infirmier est ouverte. Tout en nettoyant la poignée, je louche sur l'un des écrans d'ordinateur. Un tableau Excel qui reprend l'état des patients par rapport au Covid. Positif. Négatif. Ils sont répertoriés. Je préfère ne pas m'attarder et je quitte la pièce.

* * *

Plus les jours passent, plus je me suis imprégné de ma tâche. Je suis devenu un agent d'entretien : mes nouveaux collègues mais aussi le personnel soignant, les patients, tous me considèrent ainsi. On dit que l'habit ne fait pas le moine, mais on dit aussi que c'est en forgeant que l'on devient forgeron.

* * *

Soued avait préparé les *msemen* que je me suis finalement résolu à accepter. Je ne bataillais même plus. J'avais si souvent refusé que je crois qu'elle se nourrissait de mon refus.

– Aboubakr Siddiq ! (C'était le nom complet du compagnon du Prophète.) Hier soir j'ai prié Isha, après j'étais fatiguéééée. Après je me suis dit : non, il mérite. Par amour de notre amitié je te dois. J'ai commencé, c'était loooong…

– Ah mais tu t'es couchée tard, fallait pas.

– 1 heure du matin, mais c'est pas grave. J'ai ramené. J'ai bien emballé. Tu mets dans le micro-ondes ou dans la poêle. Tu donnes à personne !! C'est que pour toi et ta famille. Les enfants ils adorent avec le Nutella. T'as du miel ?

Je ne me suis même pas donné la peine de répondre.

– Demain j'te ramène le miel. Je les mets dans le frigo là-bas, tu viens les chercher tout à l'heure après le service. D'accord ?

– Merci, Soued. Déjà le henné, maintenant les *msemen*.

La veille elle m'avait apporté du khôl pour ma femme, ma sœur, ma belle-sœur, ma mère, ma tante, selon la liste exhaustive qu'elle avait dressée pour moi.

Ainsi parlait Soued. Le cœur sur la main. Ma gêne première avait laissé place à l'admiration, capitulant devant tant de gentillesse. Soued n'a pas attendu, elle, de prendre connaissance de ma pseudo-notoriété pour être avenante. Elle l'a été dès la première minute de notre rencontre. Et ça n'a jamais diminué. Bien au contraire. Toujours sans lien avec ma médiatisation soudaine. Je suis à peu près sûr qu'elle n'a pas pris connaissance des trop nombreux articles à mon sujet. C'est à peine si elle sait utiliser son smartphone. Elle fait partie de la même catégorie que ma mère. Celle des gens qui n'utilisent leur téléphone que pour téléphoner ou pour montrer des photos de leurs enfants à de parfaits inconnus.

* * *

Ce matin, un patient cherche à savoir s'il va « sortir ou s'il va rester en prison ».

Il argue qu'il a des rendez-vous importants à l'extérieur. Qu'ici il perd son temps.

– Vous allez me garder longtemps ? m'interpelle-t-il quand j'arrive sur la poignée de sa porte.

– Euh... Quelqu'un va venir, monsieur.

Au fil du temps, j'en avais fait ma phrase refuge : « Quelqu'un va venir. » Dès qu'un patient me demandait quelque chose. J'étais pris entre la volonté de vouloir l'aider, la crainte de mal faire mais aussi la peur de me substituer aux infirmières et aux aides-soignantes. Je ne voulais en aucun cas interférer dans la relation entre le corps médical et le patient. Je tentais de me faire le plus discret possible. Tout du moins au départ de ma mission.

« Quelqu'un va venir. » En général, ce quelqu'un n'arrivera pas aussi vite que le patient l'aurait souhaité. Mais quelqu'un viendra.

* * *

Je suis revenu dans la salle à manger du service. À peine me voit-elle entrer que Soued se lève, cette fois pour se diriger vers le frigo. Tout en s'adressant à une soignante, assise à la table d'à côté.

– T'as vu, c'est mon collègue, dit-elle en guise de présentation. Il est beau hein ? Mais tu le touches pas, il est marié.

– Je suis venu chercher les *msemen.*

Bien qu'elle et moi sachions pourquoi je suis là, je me sens obligé de préciser l'objet de ma présence. Sans doute pour interrompre son introduction gênante à mon sujet.

– Ah oui, pour la dame.

– La dame ? interrogé-je.

– Mais oui, la dame, me dit Soued en clignant fortement des yeux.

Sa façon à elle de faire un clin d'œil.

Tandis que je récupère mon butin, une autre voix se fait entendre :

– Alors, toi, Soued ! On a des comptes à régler ! Cela fait des années qu'on travaille ensemble, tu m'as jamais apporté des *msemen* et lui, il vient d'arriver…

– Mais non, c'est pas pour lui, c'est pour la dame dans les bureaux.

Je suis resté interdit. Le bobard de Soued n'allait sûrement pas la sauver. Et je ne savais pas comment lui venir en aide.

– Tu lui dis, ce soir je la rappelle, continue Soued tout en pressant ses yeux comme des citrons.

– D'accord, je lui dirai, balbutié-je sans trop de conviction.

– Ne te fatigue pas, mec. J'ai compris la mascarade.

Je les abandonne à leurs démêlés, mes victuailles en main. Le soir, j'ai raconté la scène à Nok.

Elle n'en finissait plus de rire.

* * *

Les « patients mouvants » sont ceux que j'ai nommés ainsi car, à la différence des « patients statues », ils sont toujours en mouvement.

M. Paolino est un de ceux-là. Il déambule régulièrement dans les couloirs. En robe de chambre. Se dégourdissant les jambes. Parfois avec son déambulateur à roues et à freins. Oui, les mêmes freins que vous trouvez sur un VTT de chez Decathlon.

Ce jour-là donc j'arrive sur la poignée de la porte de sa chambre, quand M. Paolino m'interrompt.

Sa voix est chevrotante.

– Venez là, vous !

Pas méchamment mais assez fermement pour que je n'aie d'autre choix que de m'exécuter.

Alors que je m'approche, il commence à me donner des directives.

– Bloquez-moi le machin, là.

Son accent italien se fait beaucoup plus sentir.

– Je vais me lever.

Il est assis sur sa chaise. Son déambulateur face à lui. Comme dans des starting-blocks, prêt à démarrer. Ce que ne lui permettait pas son état physique. Son masque chirurgical est porté sur le menton. Et il a du mal à respirer.

Ma mission (si je l'accepte) est de bloquer le machin-déambulateur pour qu'il puisse prendre appui dessus afin de se lever de sa chaise. Car seul, il n'arrive pas à s'appuyer sur le déambulateur et à presser la poignée du frein en même temps. Sans mon concours, M. Paolino se lèverait, le déambulateur démarrerait en trombe et il s'étalerait de tout son long, bien qu'il ne soit pas très grand.

La chaussure de sécurité taille 47 écrase le pneu avant du déambulateur tricycle.

– Allez-y, dis-je plein d'assurance.

– Attendez. C'est moi qui décide.

Ah ben, d'accord ! Sympa le mec. Je l'aide et il m'envoie bouler. En même temps je comprends. L'opération semble lui coûter. À ce moment précis, un flot de questions me traverse l'esprit.

N'est-ce pas dangereux pour lui ? Et a-t-il l'autorisation de se lever ? Et ai-je le droit de l'aider ? Et s'il est atteint par le Covid-19 ? Et pourquoi diable ne porte-t-il pas son masque correctement ? L'inquiétude me gagne.

M. Paolino se lève avec beaucoup plus d'aisance que je ne le supposais. Il pose ses mains sur les poignées de sa bécane. Ses doigts peuvent maintenant agripper le frein.

M. Paolino me remercie chaleureusement de mon aide. Moi aussi je le remercie en retour. Par politesse. Pour quoi ? Je ne sais pas. Sans doute, pour m'avoir fait confiance.

Je me hâte de quitter la chambre. J'en avais oublié ma mission première. La désinfection des points de contact. En retournant un peu plus tard vers sa chambre, je croise M. Paolino et son terrible engin. Il m'ignore ostensiblement comme s'il avait tout fait seul et que je ne lui avais été d'aucune aide.

Ça me fait sourire. Je l'entends s'éloigner, il sifflote.

Rebondir à Carcassonne

Après mon échec au Stade Français, et le ressentiment qui en était né, c'était Christian Labit qui m'avait permis de rester dans le rugby professionnel. Un simple texto du manager de Carcassonne, autre légende de la planète ovale, fut suffisant. Son « je ne savais pas que tu étais sur le marché. Ça serait génial que tu nous rejoignes » m'avait remis dans l'axe. Grâce à Christian, en signant dans la ville-citadelle, j'allais pouvoir poursuivre ma vie de joueur. Tout en préparant la suite. La première saison fut plutôt bonne. Notre équipe était cataloguée comme un clan de vieux briscards qui déjouaient tous les pronostics. C'est vrai que la moyenne d'âge de notre pack, les déménageurs de piano comme on dit pour cataloguer les avants, à la différence des arrières qui seraient plutôt « ceux qui en jouent », dépassait allègrement la trentaine. Alors on faisait jouer « l'expérience », ce mot aimable pour éviter de dire que nous n'étions pas si loin de la date de péremption.

Je ne l'oublierai jamais, c'est ce même club qui m'a autorisé à travailler à l'hôpital. Profitant par la même occasion d'un magnifique coup de projecteur lorsque le sujet devint cet os médiatique que les médias voulurent tous ronger…

* * *

Dans le sillage de la frénésie qui m'avait encerclé, j'avais aussi reçu un nombre incommensurable de messages sur mes réseaux sociaux. Une grande majorité d'entre eux était bienveillants, gentils et chaleureux. Je ne m'attarderai pas sur la poignée de grincheux qui fustigeait mon action, m'accusant de faire tout ce potin médiatique de manière intéressée. Non, je garde en mémoire les témoignages de félicitations, de soutien et d'encouragements. De la part d'amis, de connaissances et surtout d'anonymes. Ce qui revêtait encore plus de valeur à mes yeux. Dans cette époque où l'on tente tant bien que mal de lutter contre la haine en ligne, prendre son temps pour adresser des mots attentionnés à un inconnu n'avait rien d'anodin.

Les soignants n'étaient pas en reste non plus. Que de messages de la part des infirmières et des infirmiers. J'étais abasourdi de la portée de mon action. Je les remerciais en retour.

* * *

Il y a quelques jours, j'ai ainsi fait la connaissance d'une aide-soignante : Wahiba, une Tunisienne d'une quarantaine d'années, à l'accent chantant si caractéristique. Elle a pris son courage à deux mains pour venir me parler :

– Non, vraiment je suis désolée, d'habitude je ne suis pas là pour déranger les gens.

Elle ne me dérangeait pas. Wahiba m'avait vu à la télé.

– Et je suis profondément admirative de votre démarche.

Merci, Wahiba. Moi, je le suis encore plus d'elle et de toutes ses collègues qui travaillent ici depuis des années. On a pris une photo. Mon long bras gauche a servi de selfie stick. Elle m'a dit qu'elle sera fière de montrer la photo à son fils, apprenti footballeur à Cormeilles-en-Parisis, et à son mari, fan de rugby. Elle m'a demandé un bon nombre de fois si je nettoyais tous les points de contact de l'hôpital. Effrayée par l'ampleur de la tâche.

« Tout l'hôpital ? Balme ? Chopin ? » Balme, Chopin. « Le deuxième étage aussi ? Molière ? Apollinaire ? Beausoleil ? » Molière, Apollinaire, Beausoleil, et même Proust.

Wahiba n'a pas été la seule à me solliciter pour des selfies. Le halo de lumière médiatique m'a longtemps poursuivi. Et là où j'étais jusqu'alors invisible lorsque je passais avec mon seau et mes chiffons, j'étais à présent ralenti dans ma progression.

« Ah, c'est vous le boxeur là ! Merci de nous aider », « Mais le rugby c'est dangereux comme sport, non ? En tout cas, bravo pour votre engagement ».

C'est à ça que je carburais alors que passaient les jours. Recevoir de la gratitude de la part de gens aussi dévoués, je prenais tout, j'emmagasinais.

Et je mettais plus de vigueur encore à faire chanter le chiffon sur les rampes en acajou. Les cliquetis des poignées rythmaient ma matinée, aucun interrupteur ne me résistait.

* * *

Les messages du monde du rugby aussi m'ont beaucoup touché. Des partenaires jusqu'aux adversaires que j'avais affrontés sur les terrains. En passant par les entraîneurs ou des dirigeants de club ou de la Fédération.

Nicolas Bézy, un ancien du Stade Toulousain, de l'équipe de France de rugby à sept, désormais joueur de Provence Rugby, mais que je n'avais jamais rencontré, m'a par exemple envoyé un texto :

Salut Bakary
C'est Nicolas Bézy, joueur à Provence Rugby.
Je pense que c'est la première fois que j'envoie un message à quelqu'un que je ne connais pas vraiment, mais depuis hier je suis tout ce que tu as entrepris depuis plusieurs jours.
Sache que tu as toute mon admiration, il faut énormément de courage et d'abnégation pour faire ce que tu fais.
Ce sont les personnes comme toi qui font avancer les choses.
Félicitations et merci pour ce que tu fais.
Courage.

En lisant son SMS, mon cœur s'est serré. La simplicité de ses mots avait fait mouche. Le genre de démarche qui vous classe un homme.

J'avais maladroitement répondu :

Salut mec ! Ton message me fait super plaisir. Je suis un peu sous le choc de tout ce qui arrive là. On essaie juste de faire des choses bien. Merci encore pour la force. Ça motive encore plus.
À bientôt !

Il y eut aussi cet appel. C'était « Monsieur » Henry Broncan, le « sorcier gersois ». Henry Broncan est ce qu'on appelle communément une figure. Une légende entre Béarn et Bigorre. Réputé et respecté dans le monde du rugby, un entraîneur à part, charismatique.

Quelle surprise et surtout quelle fierté de recevoir son message de soutien. Nous n'en étions pas à notre premier échange : il m'avait déjà envoyé un petit mot lorsque j'avais eu maille à partir avec le premier magistrat de la sous-préfecture de l'Hérault.

Ces phrases emplies de chaleur et de respect, ces preuves d'amitié ont été les amarres de mon moral, elles m'ont aidé à tenir. Notamment lorsqu'au bout d'un mois, en plein ramadan, je commençais à être sur les rotules. Sans compter les messages des gens qui me connaissaient vraiment. Dont certains avaient été interrogés par la presse. Mon ami Aristide Barraud, avec qui j'ai joué au rugby à Massy et à qui je dois en partie l'écriture de ce livre, avait ainsi répondu à un journaliste : « Il n'y a que ceux qui ne connaissent pas Baky qui sont surpris par son engagement. »

C'était de loin le plus beau compliment que je pouvais recevoir.

* * *

Ce jour-là, la conversation entre le médecin et Couz portait sur le chômage partiel, la cascade de faillites que ce confinement allait entraîner, sur la petite-fille de Jacques qui l'appelait tous les soirs pour lui dire qu'il ne devait pas sortir parce qu'il y avait le virus dehors et sur une certaine Ginette qui a priori serait un élément perturbateur dans la boîte.

– Alors ça s'est arrangé hier, à Beausoleil ?

Un des services au dernier étage de Sainte-Périne.

– Je vais la faire venir dans le bureau ici.

J'avais presque oublié que nous étions dans un bureau.

– Mais Moussa, pourquoi tu te fais chier avec elle ? Mets-la dehors ! lui dit Jacques.

– Si je vais la voir dans le service, elle va crier, et tout le monde va venir. C'est pourquoi je vais la faire venir ici, répondit Couz en pensant avoir trouvé l'idée du siècle.

– Mais elle t'entube à chaque fois. Après tout, t'es chef de site. Tu leur donnes des augmentations. Tu leur donnes des tickets-restaurant et après, elle te met un doigt au cul.

Je ne savais même pas que Couz avait toutes ces prérogatives.

Jacques reprend :

– J'te l'ai déjà dit hein. T'es trop bon, t'es trop gentil.

Ce qui semble être un reproche dans la bouche de Jacques résonne comme un compliment dans la tête de Couz.

– Doukara est là. Le délégué syndical. Je vais les convoquer tous les deux, tout à l'heure.

– Elle raconte des conneries aux cadres et après ça te retombe dessus. Et puis moi je reçois des mails. Elle t'entube j'te dis !

– Oui mais la hiérarchie dit qu'il faut des preuves.

– Et la fois où elle t'a insulté alors ?

– Pareil. Pas de preuves…

J'essaie de ne pas perdre une miette de la conversation. Pire, je fais en sorte d'être le plus discret possible afin qu'ils oublient que je suis là. Mais cela ne fonctionne pas si bien, je ne saisis que des bribes du dialogue.

– Tu te rappelles la fois où l'autre elle m'avait dit là... pour la salle de kiné là... ben j'avais pas fait traîner. Allez, hop, ça dégage.

– Ha ha ha.

Moussa rit. Sans doute pas parce que c'est drôle mais plutôt parce qu'il est incapable d'être aussi intransigeant que Jacques le lui recommande.

Sainte-Périne m'attend. Je me résous à leur rappeler ma présence dans le bureau et je prends congé des deux larrons qui continuent à s'échanger des anecdotes sur leurs manières respectives de travailler.

Zaky s'en va

Au rez-de-chaussée de Sainte-Périne se trouve le bureau des brancardiers. La porte est grande ouverte, alors je m'affaire sur les deux poignées de la porte et sur les différents interrupteurs proches de l'entrée.

Comme à l'accoutumée, un homme imposant est assis dans le bureau et joue de la souris et du clavier face à un écran. C'est le chef des hommes forts, des transporteurs de malades, des charroyeurs rapides, précis qui connaissent les lieux aussi parfaitement que le protocole de la douceur et de la diligence.

Ensemble – l'homme est éminemment sympathique –, nous discutons un peu. De leurs conditions de travail, entre autres choses. Ils sont une petite demi-douzaine à circuler dans tout l'hôpital. Par groupes de deux ou de trois. À venir chercher les malades dans les chambres, à les descendre en radiologie, à les remonter. Je les vois manœuvrer dans les couloirs. Ralentissant parfois ma progression. Le brancard en travers du couloir ou simplement collé à la rampe, garé en double file, se rajoutant aux chariots de ménage, aux chaises roulantes remisées à la va-vite, aux autres déambulateurs. Transformant mon exercice du jour en véritable parcours du combattant.

Parmi tous ces brancardiers, une brancardière. Sara. Ancienne aide-soignante, elle s'est recyclée après un long arrêt-maladie. De nature timide, c'est son collègue imposant et sympathique qui a brisé la glace en me la présentant brièvement un jour dans les couloirs. Son teint a viré au rouge, contraste encore plus saisissant derrière la pâleur de son masque chirurgical. Je n'ose imaginer la soufflante que l'homme imposant et sympathique a dû prendre pour avoir eu l'outrecuidance de l'introduire à la manière d'une collégienne trop timide. Ce moment de gêne est derrière nous à présent et il n'est pas rare que nous partagions un café – avant la période du ramadan – ou un banc du jardin intérieur – pendant la longue période de jeûne.

Sara a une fille de 15 ans dont le petit copain est un apprenti rugbyman au Stade Français. Imaginez l'effet quand, au détour d'une conversation, elle avait glissé qu'elle travaillait avec moi à l'hôpital. Le jeune rugbyman (qui connaissait tout de ma carrière) avait sommé sa peut-être future belle-mère de prendre une photo pour immortaliser l'anecdote et y ajouter du poids. Raconter l'histoire c'est bien, photo à l'appui c'est mieux.

* * *

C'est un jour spécial, nous sommes le 30 avril, et c'est le dernier jour de travail de Zaky. Après six semaines de volontariat dont la dernière effectuée pendant le ramadan, il tire sa révérence.

Ce matin, comme à l'accoutumée, le sommier au-dessus de ma tête a craqué. Et il fait toujours largement plus de bruit que mon réveil. J'ai vu les pieds de mon neveu atteindre les barreaux de l'échelle dans la pénombre et descendre du lit. C'est le signal de la prière qu'il faut effectuer avant le lever du soleil. Zaky prend ensuite le temps de jouer avec sa petite sœur réveillée elle aussi aux aurores.

Nous montons dans la voiture sans avoir petit-déjeuné, ramadan oblige, et filons vers le XVIe. Comme toujours dans le silence, Zakarya n'est pas un grand bavard. Avec moi en tout cas.

Ce n'est pas un secret, ses sentiments envers moi sont mélangés. Du respect bien sûr, comme tout neveu le doit à un vieil oncle, mais sans doute aussi un peu de crainte mêlée au réseau serré des souvenirs.

J'ai participé activement à l'éducation de Zaky. J'ai même été le soutien le plus proche de ma sœur pour élever son fils. J'étais clairement en mission. Ce n'était que justice, je devais tellement à Nok. D'avoir pris le relais à la mort de mon père, de m'avoir accompagné, de m'avoir aidé, soutenu, admonesté… Je me devais d'être à ses côtés quand, à son tour, elle aurait besoin de moi.

Nok a eu son premier enfant à 22 ans.

Le père de Zakarya a toujours beaucoup travaillé. Trop, peut-être. Souvent d'astreinte à l'ambassade de Côte d'Ivoire en France, il est une âme qui va et qui vient. Purement et simplement. Lui et moi nous entendons bien, heureux quand nous nous voyons d'échanger les plaisantes taquineries qui existent entre deux beaux-frères. Régulièrement absent à cause de son emploi du temps, on peut avancer qu'il a fait de la permissivité un credo. Du coup, il a bien fallu bien une figure paternelle pour serrer la vis au jeune Zaky. Ce rôle m'est échu naturellement et je crois que son géniteur a été heureux de me voir endosser le costume du père Fouettard.

* * *

Durant l'enfance de Zaky, nous avons eu maille à partir quelques fois, lui et moi. Suffisamment pour que cela me reste en mémoire. Comme pour beaucoup de ceux qui traversent l'enfance vers l'adolescence, et même un peu après, rien ne s'est fait sans encombre. Il a fallu recadrer. Si grandir en Seine-Saint-Denis n'a rien de redoutable, c'est loin d'être une sinécure. À plusieurs reprises, nous avons dû rattraper Zakarya par le colbac, notamment lorsqu'il a commencé à glisser sur la pente dangereuse qui commence souvent par l'absentéisme à l'école, se poursuit par l'errance et les mauvaises fréquentations et se termine parfois par les premiers méfaits : la fenêtre vers la délinquance était entrouverte. Zakarya a juste eu le droit de regarder de l'autre côté, mais pas d'enjamber le rebord. Au contraire, avec ma sœur, nous avons tout fait pour refermer, voire condamner les battants de cette ouverture. Nous ne désirions pas que Zaky réponde à l'appel des mauvais coups, pourtant si vibrants et scintillants lorsqu'on les voit de loin. Nuit et jour, nous nous sommes relayés pour ne jamais le laisser partir.

Sois tranquille Kool Shen, celui-là ne glissera pas !

En pleine adolescence, n'étant pas porté vers les jeux vidéo comme tant à cet âge, Zakarya s'est tourné vers le sport. Sa croissance fut tardive. 1,76 mètre, 84 kilos. Ni gros ni maigre, il avait des mollets proéminents. De prime abord on se dit qu'il n'a pas hérité du patrimoine génétique de son père, qui lui culmine à plus de 1,90 mètre. Pourtant leur ressemblance est indéniable. Déjà au niveau du visage de forme ovale, le crâne rond et lisse, le nez fin.

Dans sa posture aussi. Une démarche reconnaissable entre mille avec les pieds ouverts vers l'extérieur. Il a d'abord testé le football, passage obligé quand on grandit dans une cité du 93, puis, suivant en quelque sorte mes traces, son choix s'est déporté : avoir un oncle rugbyman professionnel l'autorisait à ses yeux à emprunter le même chemin. Ce qui a conduit Zaky à venir poursuivre ses études à Carcassonne et tenter l'aventure dans la catégorie Espoir du club de la préfecture de l'Aude. Le deal avait été passé en amont avec sa mère. Elle lui avait lancé le défi : « Si tu obtiens ton bac, tu pourras retrouver ton oncle. » Une motivation toute trouvée pour travailler avec assiduité, et succès. Le sésame en poche, Zaky m'avait rejoint, à la fois pour jouer au rugby et pour suivre un BTS en alternance.

D'espoir, il n'a pour l'instant que le nom, car c'est une catégorie qui peut briser les ambitions plus facilement que les chaînes. Heureusement, Zaky est fort, plus qu'il n'y paraît, il s'en remettra. Le faire venir chez moi pour embrasser la carrière rugbystique a été une erreur, dont j'endosse la responsabilité. J'ai fait confiance à un éducateur qui était censé modeler et faire grandir ses espérances sportives. Je me suis trompé, on ne m'y reprendra plus. Zaky a remisé ses rêves de carrière professionnelle mais a continué ses études.

Il n'empêche, notre complicité s'est accrue et la nature de notre relation a changé. Je ne suis plus l'oncle fouettard. Mais le modèle à suivre. À Carcassonne, Zaky a aussi obtenu son permis de conduire. Une fierté pour lui, plus grande encore pour moi. L'histoire retiendra peut-être qu'il a plié ma voiture le lendemain du jour où il a obtenu son sésame pour la liberté. Pétrifié à l'idée de me l'annoncer, il fut encore plus surpris par ma réaction. Ou plutôt par ma non-réaction. Je me rappelle comme sa voix tremblait au téléphone.

– J'ai… j'ai pris… trop large… dans le virage. Et j'ai tapé dans une voiture garée. J'ai pas fait exprès j'te jure !

– Tu n'es pas blessé ?

– Non, non, mais en plus j'ai pas tapé fort et le pare-chocs…

– Mais, Zaky, on s'en bat la race du pare-chocs. Ça arrive. T'inquiète, on gère ça quand je rentre.

Un malus à l'assurance plus tard, notre relation n'en a pas pâti.

Aujourd'hui, j'ai envie de rendre sa dernière journée spéciale, mais je ne sais pas comment m'y prendre. Je me contente de l'observer avec admiration. Oui, à cet instant précis, j'admire mon neveu.

C'est alors Mariam qui attaque…

– Ah mon mari ! Quand tu vas partir, on va trop te manquer, tu vas vouloir revenir. C'est sûr.

Zaky sourit.

– C'est sûr ! T'as raison. Je reviendrai.

– Comment tu peux nous faire ça ? Franchement tu pouvais rester, renchérit Mariam.

– Attends, Mariam, dit Doukara endossant son rôle préféré : celui d'objecteur systématique à tout ce qui sort de la bouche de Mariam. Il est jeune, il doit retourner à l'école et préparer son avenir. Tu crois qu'il voudrait faire le ménage toute sa vie.

– Moi, ça me dérangerait pas, répond Zakarya.

Réponse sincère, je n'en doute pas. Mais teintée de candeur et de naïveté.

– Enfin, poursuit-il, je vais essayer d'avoir ma propre concession d'abord.

Car Zakarya est fou de voitures depuis sa tendre enfance. Je le revois, petit, chez sa grand-mère regarder les voitures passer par la fenêtre. Incollable sur les marques et les modèles. Comme tous les gosses, il a collectionné les modèles réduits mais pour lui la démarche allait un poil plus loin : il aimait les versions réduites des voitures existantes, pas les bolides futuristes issus des dessins animés. Non, dans son placard, sagement rangées, on trouvait des Renault Kangoo, des 206 Peugeot, des Citroën Xsara.

Cet amour pour les voitures, il l'a gardé comme on conserve un trésor.

Avant le confinement Zaky était en stage de vente dans une concession Renault de Carcassonne.

* * *

Pour ce dernier jour, Zaky a pris possession de son chariot. Il a préparé son mélange eau-produit ménager. Il est sorti du local, m'a tourné le dos. Il savait que je le regardais.

– Bon ad'taleur.

– À toute.

Écouteurs enfoncés dans les oreilles, il s'est éloigné.

Disparition

Ce matin Dhalsim est mort. Je l'ai compris tout de suite. Je n'ai aucun mérite. Deux femmes de la même couleur de peau que lui bloquent mon passage à l'entrée de Lebard-Gatineau. Probablement son épouse et leur fille. L'une est plus jeune que l'autre. Bien que la plus âgée des deux paraisse beaucoup moins vieille que Dhalsim lui-même.

Je n'ai pas voulu interrompre le médecin qui leur parlait et leur expliquait sûrement les derniers instants de celui qui fut un époux et un père. J'ai poursuivi dans le hall à la sortie de l'ascenseur. Il y avait là un salon avec un petit canapé, deux fauteuils défraîchis, une table basse. Je me suis mis à nettoyer le cadre en bois du premier fauteuil. Je ne l'avais jamais fait auparavant. Sensation étrange. D'habitude, je me contente de la rampe qui cercle le hall et qui passe derrière le canapé. Mais je l'avais déjà frottée et l'accès au couloir qui mène aux chambres m'était interdit pour le moment.

Des bribes de conversation me parviennent :

– Oui, c'était très tôt ce matin.

– Ah oui. Parce que sa femme était là hier. Elle m'a dit que ça allait. Enfin vous comprenez…

Sa femme ? Le médecin, qui partage mon interrogation, poursuit :

– Et vous, vous êtes ?

– Sa sœur. La pauvre, je n'ai pas eu la force de la prévenir. Quand l'hôpital a appelé ce matin, elle dormait encore…

La sœur de Dhalsim aura la lourde tâche d'annoncer le décès à sa belle-sœur. J'ai une envie frénétique de présenter mes condoléances, mais je me refrène. Je suis triste. Je côtoyais cet homme depuis quelques semaines. Lui ne me connaissait pas. J'étais le préposé au nettoyage de la poignée de sa porte. La veille, sa porte était fermée. Sans doute sa femme et lui partageaient-ils leurs derniers instants ensemble sans le savoir.

Je suis bien content de ne pas les avoir interrompus avec un coup de chiffon intempestif.

Dhalsim s'en est allé. L'hôpital ordonnera un décapage de la chambre. Moussa mettra Sidibé sur le coup. Et elle sera attribuée à un patient en fin de vie que j'affublerai d'un autre surnom. Avant de m'occuper de sa poignée de porte aussi longtemps qu'il le faudra.

* * *

Un jour Sara m'a expliqué la chance qu'elle avait de n'avoir que des hommes comme collègues directs. Auparavant aide-soignante, elle avoue que les mélodrames et le crêpage de chignon ne lui manquaient pas. Et qu'elle était ravie d'évoluer dans cette bulle masculine au sein d'un environnement majoritairement féminin.

– Momo et Drissa sont super cool, t'as bien vu on s'entend bien.

C’était les deux autres membres de son trio de travail. Ils étaient complices, s’attaquant souvent les uns les autres à coups de railleries bien senties.

– Après t’as les deux autres zigotos : Yann et Samo ! alors ces deux-là ! Un conseil, si tu les croises, fuis !

– Ah ouais carrément.

– J’te jure, ils ont un débit de conneries impressionnant.

– Je suis sûr que tu les aimes bien au fond…`

– Mais, oui. Ils sont de la vieille école. Les oncles un peu bourrés lors des repas de famille tu vois ?

Je voyais très bien…

Visite à « Ma »

Je m'inquiétais un peu depuis mon retour du Brésil, il y avait comme un léger malaise entre « Ma » et moi. Du coup, avant chaque appel, je me demandais à quelle sauce j'allais être mangé.

À ses yeux, j'avais déjà fait une entorse au confinement strict imposé par le président Macron et ses technocrates en travaillant à l'hôpital. Un jour quand même, je suis parti rendre une visite éclair à ma mère, à la sortie du boulot, pour lui porter des provisions prélevées dans la remise de ma sœur. Encore flanqué de mon acolyte de neveu. Le temps de déposer les courses sur le pas de la porte, d'analyser son visage pour y percevoir son humeur, d'écouter sa voix, son intonation et le choix de ses mots pour mettre au jour le sentiment qui prédominait chez elle.

Dans mon dialecte, le dioula kan, un dérivé du mandingue, la langue parlée dans le nord de la Côte d'Ivoire, la manière de saluer quelqu'un dépend du moment de la journée ou de l'endroit d'où il arrive. Si la personne vient de chez elle, ce ne seront pas les mêmes mots que si elle débarque du travail ou si elle rentre des courses.

Ce qui veut dire que lorsque ma mère nous salue, j'entends être attentif aux mots qu'elle utilise. Elle se présenta dans le couloir après avoir ouvert la porte. Nous étions restés sur le palier, à bonne distance. Elle avait son voile sur les épaules, son *fatra* (morceau de pagne souvent assorti à la tenue que les femmes d'Afrique de l'Ouest nouent sur la tête), son front était ceint mais laissait apparaître une chevelure grisonnante. Ma mère vieillit. Elle semble encore plus menue dans l'encadrement de la porte. Elle et son mètre cinquante-quatre. Ses yeux sont comme pris en sandwich entre ses sourcils et le haut de son masque. Ce dernier, en tissu, cache son sourire qu'elle ne m'aurait sans doute pas montré si elle n'en portait pas. Ce ne sera qu'une rencontre furtive, fugace, sans long dialogue ni explications. Un instant trop court qui aurait bien mérité une étreinte. Je n'avais pas vu « Ma » depuis plus de trois mois. Mais le respect des gestes barrières ne se monnaie pas.

Avec Zakarya, nous étions repartis frustrés. Moi, surtout. Ce fut si bref que Zakarya n'avait pas eu d'échange, même glacial, avec sa grand-mère. De toute façon, si elle lui avait demandé de rentrer sur-le-champ d'Amérique du Sud, il se serait exécuté, lui. Il n'aurait pas joué les têtes brûlées, lui.

Avec ma mère, le malaise n'était donc pas dissipé. Je compris qu'elle avait très mal vécu l'épisode du Brésil. Or Mme Meïté a la rancune tenace. Qui se décupla lorsqu'elle comprit, deux jours après mon arrivée sain et sauf sur le sol français, que je n'avais rien trouvé de mieux à faire que de me rendre tous les jours dans un établissement de santé pour en faire le nettoyage. Si j'avais voulu saborder nos relations mère-fils, je ne m'y serais pas pris autrement.

– Le ménage ? Mais qu'est-ce qui ne tourne pas rond chez toi ?

– Ben, c'était un peu ton métier pendant trente ans.

– De toute façon, ta décision est prise ?

– Oui, je commence demain.

– En plus tu embarques ton neveu avec toi ?

– Ben, sa mère à lui est d'accord.

– Qu'Allah vous protège. *Amin.*

Ces réponses, j'aurais aimé les donner à ma mère. Mais je me suis abstenu. Par respect. On ne répond pas à sa mère. Encore moins quand on a raison, même à 37 ans. À dire vrai, ma mère ne m'en voulait pas d'avoir fait ce choix. Dans son for intérieur, je la savais fière de moi. Elle le reconnaîtra par la suite.

Non, si elle m'en voulait, c'était parce qu'une fois de plus, selon elle, je n'en avais fait qu'à ma tête. Et que je ne suivais jamais la tendance générale. J'étais d'abord parti à l'autre bout de la planète alors que frémissait un risque de pandémie ; j'avais ensuite décidé de travailler dans un hôpital au plus fort de l'épidémie. Il me fallait bien reconnaître que j'étais souvent à contre-courant. Comme quand j'avais choisi de faire allemand en première langue au collège quand tout le monde prenait l'anglais. Ou quand j'avais décidé de m'inscrire au basket alors qu'on me prédisait un bel avenir dans le foot. C'était ma manière de fonctionner. Un anticonformisme pas toujours très malin.

Mme Meïté m'en voulait donc. Mais elle était fière de moi. Joli paradoxe qu'elle manifesta au moment de ma surmédiatisation.

Son téléphone n'arrêtait pas de sonner. Tous les gens de la communauté, de sa génération, pour qui le JT de

20 heures représentait toujours la grand-messe de l'information, m'avaient vu et s'étaient empressés de le lui faire savoir. Quant à leurs enfants, ma génération donc, eux, ils me suivaient sur les réseaux sociaux. Aucun n'oubliait de la féliciter pour m'avoir mis au monde, puis de m'avoir si bien éduqué, malgré son veuvage…

Mais autant ma mère accueillait ce concert d'éloges avec beaucoup d'honneur et d'humilité, autant, fidèle à son principe de discrétion, elle ne goûtait guère la mise en avant de son fils. Car, évidemment, à ses yeux, le responsable de cette surmédiatisation, c'était moi. Elle m'en voulait. Mais elle était fière.

* * *

Bien plus tard, quand le malaise fut dissipé, j'eus enfin plaisir à lui raconter mes journées et mes anecdotes de « femme de ménage ». Elle renchérissait souvent avec des histoires plus dingues encore que les miennes. Je lui parlais de Mariam, de Soued, de Mama Mendy, et elle se revoyait derrière son chariot en train d'arpenter les étages de la tour Elf à la Défense. Je lui expliquais à quel point Soued était une personne aussi délicieuse que ses *msemen*, je lui confiais qu'une journée sans le sourire de Mariam était une journée perdue.

Elle ne m'en veut plus même si elle est encore profondément inquiète par rapport à cette fichue maladie. Comme elle l'a toujours été pour son fils, le plus « tête brûlée » de ses cinq enfants. Le casse-cou toujours prêt pour la bêtise de trop, la cabriole trop risquée, celui qui roule à scooter dans Paris et celui qui décide de se mettre à jouer au rugby à 23 ans, ce sport de barbares dangereux. Mais aujourd'hui, comme pour le rugby à l'époque, la peur a lentement cédé la place à une satisfaction si maternelle, celle d'avoir su élever un garçon conscient des valeurs morales qu'elle voulait lui inculquer.

Derniers jours

Les trois infirmières discutent au milieu du couloir. L'une d'entre elles est adossée à la rampe. Ma rampe, celle que je chéris depuis des semaines. Elle attend le tout dernier moment pour daigner se décoller et nous laisser la voie libre, à moi et mon chiffon. C'est à cet instant précis que déboule une patiente. Elle sort de sa chambre, à moitié nue. Léger flottement après qu'elle est passée entre les trois infirmières. J'étais le seul à avoir remarqué qu'elle n'était vêtue que d'un pull gris. Et qu'elle avait fait l'économie de sa culotte et de son pantalon…

– Excusez-moi ?

Je pointe alors ma main gantée en direction de la patiente qui s'éloigne d'un pas décidé vers la sortie.

– Haaaan ! Non mais madame Grassini ! Qu'est-ce que vous nous faites, là ?

– Je viens de quitter sa chambre, y a pas longtemps, elle l'avait son pantalon.

La troisième infirmière est hilare. Son rire est communicatif.

Mme Grassini n'oppose aucune résistance quand on la ramène vers sa chambre. Peut-être en opposa-t-elle plus quand on l'a rhabillée.

C'est ma dernière semaine : après en avoir discuté avec ma sœur, et parce que le confinement s'allégeait, j'avais décidé de retourner à Carcassonne pour retrouver ma femme et mon fils. Le manque se fait ressentir. Même quand la pudeur tente de prendre le dessus.

* * *

Je ne suis plus vraiment pressé. Mon travail s'est réduit de moitié, depuis qu'on m'a adjoint un second, Aymeric, un ingénieur dans le BTP, un homme adorable qui comme moi voulait combattre l'oisiveté en venant travailler. Comme la population a commencé à se déconfiner avant les annonces officielles, je peux presque flâner, prendre mon temps, observer, écouter. Quand je brique la poignée de la porte d'une chambre, je fixe plus que jamais l'occupant pour que son visage s'imprime sur ma rétine. Je sais que je ne les reverrai plus. Je me fabrique des souvenirs. Je suis devenu beaucoup plus affable avec les soignants et les patients. Là où j'étais timide et taciturne les premiers jours, je suis plus prompt à répondre à quelqu'un qui tente de me faire la conversation. Ces derniers jours, j'ai passé un peu de temps avec Marianne, la secrétaire médicale de l'hôpital de jour, nous discutons de sa future retraite. Elle m'a même invité chez elle. Je devise aussi avec la cadre de santé de l'USPC. Le concert de louanges dont la corporation a été l'objet lui rappelle étrangement l'épisode de la canicule. Les soignants avaient d'abord été glorifiés, avant d'être oubliés. La chute avait été dure, se souvient-elle.

Je prends le café avec l'équipe de radiologues, l'un d'eux est un fan de rugby. On parle de tout et de rien. On fait des selfies.

J'engage la conversation avec les patients. Même si c'est toujours une question délicate, je n'hésite plus à leur demander comment ils vont.

Je peux même plaisanter avec une dame âgée équipée de son déambulateur.

– Si vous tenez à la vie, ôtez-vous de mon chemin.

– Moins vite ! vous allez renverser quelqu'un !

– La prochaine fois je vous écrase.

Son sourire est malicieux.

Je suis plus détendu. Je ne suis plus le cyborg programmé pour nettoyer.

Je comprends aussi que tout cela va me manquer. Mais je ne suis pas triste. Je m'emplis de l'ambiance générale, je la stocke et je la ressortirai en temps voulu.

* * *

– Excusez-moi, vous êtes Bakary Meïté ?

Un jeune interne nous interrompt dans nos taquineries, alors que Sara et moi évoquions nos week-ends respectifs. Il poursuit :

– Ouais, j'ai entendu parler de vous. Franchement respect, hein.

– Merci beaucoup, c'est gentil.

– Bonne journée.

– Vous aussi.

Sara s'était délectée de la scène, avant de se moquer :

– J'te l'ai pas dit ça, moi ? Respect, dit-elle en joignant ses deux mains et en mimant une révérence.

– Tu ne m'as rien dit du tout, toi.
– Appelle-moi quand tu finis, on ira à l'espace détente.
– Vas-y, ça marche.

* * *

Je vais m'arrêter dans trois jours. Je suis dans l'ascenseur, je brique tous les boutons au risque de le faire arrêter à chaque étage. Tant pis. Je descends au premier de toute façon.

Quand la porte s'ouvre, M. Azonto est là. Dans son fauteuil, endormi. Il a dû déjouer la vigilance des soignants et s'est encore fait la malle. Il se repose, comme toujours. Il semble donner tant de fil à retordre au personnel qu'une fois j'avais vu la porte de sa chambre barricadée à grand renfort de tables. C'était lorsqu'il avait été déclaré positif au Covid : l'équipe soignante en sous-effectif ne pouvait pas prendre le risque qu'il aille disperser le virus un peu partout, elle avait alors choisi cette option radicale mais efficace. Quand j'avais voulu contourner les tables pour atteindre la poignée de sa porte, on m'avait tancé :

– Non non, ne touchez pas la poignée ! Il va vouloir sortir après.

J'avais rebroussé chemin et continué ma route.

C'était bien là une autre réalité que j'avais littéralement touchée du doigt, le manque criant de personnel… Pendant plusieurs semaines, j'ai pu mesurer à quel point le métier d'infirmier ou d'aide-soignant était dur, notamment à cause de cette pénurie de main-d'œuvre. Dans l'imaginaire collectif, le boulot n'est pas de tout repos, évidemment, mais je pense que nous sommes tous très loin de percevoir ce que représentent les sous-effectifs. J'ai croisé des personnes au bord de la rupture. Physique ou nerveuse. Entre les nouveaux protocoles, les patients récalcitrants, le manque de moyens humains, le manque de matériel, l'absence d'information. Nerfs tendus, phrases maugréées, lassitude des regards, irritabilité, soupirs composaient un cocktail détonnant dont je me demande encore comment il n'a pas explosé. Peut-être n'y avait-il personne pour allumer la mèche…

À Rossini un roulement pour laver les patients avait même été mis en place. Certains d'entre eux nécessitaient la présence de deux, voire trois personnes pour leur toilette. Et le manque de personnel ne permettait pas de la faire pour chaque patient tous les jours…

* * *

Dans deux jours, je vais quitter l'AP-HP, même si techniquement je ne suis qu'employé par Arc-en-Ciel, une entreprise de nettoyage.

Déjà.

* * *

Je suis encore et toujours sur les rotules, à bout de souffle, mais je me sens aussi fondamentalement heureux. Les dernières semaines ont été éprouvantes, le ramadan couplé à l'effort physique des dix bornes par jour explique sans doute cela. Je ne parlerai pas de la pénibilité de la tâche, car elle a été balayée par l'enthousiasme que j'y mettais. Mais elle était pourtant réelle.

Ma dernière journée se passe sans encombre. Mis à part Marianne et l'équipe d'Arc-en-Ciel, pas grand monde sait que je ne reviendrai plus. Je ne suis guère partisan de ces au revoir déchirants qui masquent les adieux. Je ne ferai pas d'exception pour l'hôpital et ses centaines d'employés.

Et puis je ne voulais pas me laisser gagner par l'émotion, ni me retrouver au centre de l'attention.

Je m'en irai comme je suis venu.

Soued m'a fait promettre de répondre à ses messages WhatsApp. Cela dura bien dix minutes. J'ai dû jurer une demi-douzaine de fois sur ce qui m'était le plus cher pour la convaincre que je ne l'oublierai pas.

Puis j'ai échangé mon numéro avec mes collègues de fortune. Et même si je sais qu'avec Doukara, nous ne nous appellerons sans doute pas tous les jours, je suis déjà sûr que Mariam, elle, n'hésitera pas à me téléphoner pour raconter les derniers potins de Sainte-Périne.

Un an après

Dimanche 9 mai 2021

J'écris, adossé au radiateur qui est en tête de lit. Derrière moi, par la fenêtre, se déroule un concert à deux solistes. Le cerisier qui commence à donner des fruits encore verts, et l'olivier, son proche voisin, vibrent sous les assauts d'un vent qui décornerait tous les bœufs du monde. Je crois entendre la mer. Ce ne sont que les branches qui bruissent comme le font des vagues s'échouant sur les rochers.

Idriss et Alizée vont bientôt fêter leur premier anniversaire, ils doivent s'impatienter. Les mauvaises herbes sont nourrissantes, mais les graines que je leur donne et qu'ils attendent avec avidité leur prouvent peut-être qu'il existe une différence entre alimentation et gastronomie. Les dégâts du vent qui fait trembler le poulailler ne semblent pas perturber mes deux canards de Barbarie.

Je suis fatigué. Courbaturé et en manque de sommeil. La veille j'ai passé une bonne partie de la nuit à prier. La nuit du Destin. Laylat al-Qadr, la « nuit qui vaut mille mois ». Quant aux courbatures, je les ai rapportées de Grenoble trois jours plus tôt. Après une défaite, je les trouve toujours plus prononcées. Car je suis redevenu rugbyman.

À Carcassonne toujours. La parenthèse de Sainte-Périne s'est refermée il y a presque un an maintenant.

Elle se rouvre souvent, comme si elle faisait partie de ma vie à jamais.

À tel point que pendant les entraînements, il m'arrive parfois d'être distrait par les souvenirs. Tatouages indélébiles, flashs intempestifs, ils sont ancrés au plus profond de ma chair comme de ma peau.

Parce qu'il ne faut pas que cela dure, je me force à revenir au jeu, aux courses, aux passes, aux contacts. Après un départ chaotique, nous avons réalisé une saison plus qu'honorable. Je devais prouver, à moi d'abord, aux autres ensuite, que j'étais encore un professionnel du rugby.

Lundi 10 mai 2021

L'entraînement a été soutenu. Avachi sur le canapé, je sens que la lassitude a encore monté ses piquets de tente au plus profond de mon corps. Nous préparons le dernier match de la saison. Un match piège, car sans enjeu.

Lorsque j'arpentais les couloirs de Sainte-Périne, il m'était souvent arrivé d'imaginer comment se déroulerait ma fin de carrière. Mais je n'y arrivais pas. Mon cerveau, trop absorbé par ce que je faisais à l'hôpital, était incapable de penser au-delà du jour qui suivait, il ne fonctionnait que sur un terme trop court : ma routine, mon circuit de nettoyage, les patients, les soignants, Zaky, Nok, Couz. J'avais fini par incarner totalement mon personnage. À me départir de mon maillot de rugbyman. Mon chiffon avait remplacé le ballon. Mariam, Moussa et les autres étaient devenus mes coéquipiers. Nous formions une sacrée équipe.

Il est tard et la maison dort. Je joue les noctambules dans l'espoir d'assister à une victoire des Nets de Brooklyn. Je ne tiendrai pas longtemps.

Mardi 11 mai 2021

Certains souvenirs sont aussi clairs que le cristal. Quand d'autres sont plus opaques que du verre soufflé. Cette patiente qui m'avait interpellé avec sa voix chevrotante. Je revois son visage, marqué par le temps, ses cheveux gras et agglomérés, sa robe de chambre pâlie par les lavages successifs. Toujours prompte à dire bonjour et ce jour-là elle l'était encore plus. Pressée qu'elle était d'annoncer sa guérison.

– Bonjour monsieur… je n'ai… j'ai plus le Covid.

– Ah bah, ça, c'est une super nouvelle.

Depuis ce matin, elle hante mon esprit. Qu'est-elle devenue ? Et lui arrive-t-il de penser à moi ?

Je me prépare pour l'entraînement, je jette un regard par la fenêtre ; le cerisier s'agite toujours autant. Cette fois, une pluie dense a ajouté son grain de folie. Ma motivation a perdu cinq points.

Ce soir, j'ai un rendez-vous téléphonique avec un certain Guillaume Paco, journaliste de son état, pour une interview censée retracer l'ensemble de ma carrière. Quelques paniers de basket avec mon fils dans le jardin suivront. Puis la rupture du jeûne avec un bon repas préparé par ma femme, une cuisinière hors pair. Le ramadan est presque terminé.

Le lendemain, jour de repos, je dois participer à une conférence de presse commune avec Joël Koffi, un coéquipier qui lui aussi met un terme à sa carrière. La nostalgie devrait survoler nos phrases et nos émotions. On nous chambrera sur notre grand âge et on nous demandera de raconter des anecdotes de vestiaires. Chose que nous nous refuserons à faire.

Mercredi 12 mai 2021

Hier, j'ai creusé un trou dans le jardin pour y installer une mare en PVC pour Idriss et Alyzée. Mon couple de palmipèdes mérite le plus grand des conforts. Et aujourd'hui, je me suis enfin résolu à tailler l'arbuste qui envahit peu à peu ma terrasse. La procrastination est une compagne sérieuse lorsqu'il s'agit de mon propre intérêt. Si un ami m'avait demandé de lui rendre ce service, j'y serais allé en courant.

Je repense à Cathy Freeman, la célèbre coureuse de 400 mètres, championne olympique à Sydney en 2000. Elle ignorait sans doute, depuis son île-continent, qu'elle avait un sosie dans un hôpital du XVIe arrondissement parisien : une patiente ressemblait trait pour trait à la coureuse aborigène. Du moins suffisamment pour que je la rebaptise. Pourquoi ai-je pris cette manie de rebaptiser les malades ? Parce que je ne les connaissais pas, parce que je ne voulais pas entendre parler de corps anonymes, parce que cela me donnait l'impression d'instaurer une proximité que j'étais peut-être le seul à souhaiter ?

La chambre de cette patiente était une véritable serre. On se serait cru au Jardin des Plantes. Comme tant d'autres, elle était une petite bouffée d'oxygène dans ma matinée, qui me transportait direct en Australie. L'arbuste que j'aurais dû couper me rappelle tout cela et je replonge en arrière.

Maintenant, il faut ramasser. Les feuilles, les branches, les mauvaises herbes. Se baisser. Il fait chaud. Je me dis que je n'aurais peut-être pas dû faire autant d'efforts pendant mon jour de repos ; j'ai quand même un match dans deux jours. Mon dernier match de championnat en France.

Jeudi 13 mai 2021

C'est l'Aïd aujourd'hui. On célèbre la fin du ramadan. Pour l'occasion, je sors ma dernière paire de Jordan 7 pour me rendre à la mosquée. Le prêche est exclusivement en arabe. Parfois certains imams prennent le soin de s'exprimer en français à l'intention des fidèles non arabophones dont je fais partie. Pas aujourd'hui. J'enchaîne avec l'entraînement. J'apprends que j'ai été nommé capitaine. Andrei Ursache, le leader habituel, m'a élégamment laissé le brassard et la fonction pour mon dernier match en jaune et noir. Merci Dédé.

C'est le dernier entraînement de la saison. Nous répétons nos gammes, la vie n'est que musique. J'insiste sur le fait que ce n'est pas un jubilé. Ni pour Joël, ni pour Julien Rey, ni pour moi. Les trois « historiques » qui quittent le club et mettent un point final à leur vie de joueur.

L'entraînement terminé, je rentre à la maison. Sur le canapé, je scrolle sur mon téléphone. À la télé, une pub Domino's Pizza. Mon cerveau cette fois fait le lien avec un autre malade, le joueur de dominos. Un compétiteur, toujours à la recherche d'adversaires.

– Vous ne voulez pas jouer ?

– Ah non désolé, ça aurait été avec plaisir, mais là je suis un peu occupé.

Une requête quasi quotidienne. Parfois, un soignant se sacrifiait.

– Allez, on fait une dernière partie et après je vais m'occuper des autres patients d'accord ?

Vendredi 14 mai 2021

Dans les vestiaires, mes coéquipiers sont rassemblés autour de moi. Je donne de la voix. Je les préviens de ce qui nous attend dehors. Je suis en mode automatique. Dans mon rôle, haranguer mes partenaires, faire monter la sauce avant de tout lâcher sur le terrain. Pourtant, si je suis bien présent dans les vestiaires, mon esprit est encore ailleurs.

Je pense à d'autres coéquipiers. Ceux de Sainte-Périne. Comme je l'avais prévu, comme je l'avais imaginé, comme je l'ai vécu maintes et maintes fois cette saison. Le désir de redevenir joueur de rugby après cette expérience était primordial, je voulais me prouver que la décision que j'avais prise un an auparavant n'était pas un aveu de déclin. Mais si j'ai mis tout mon cœur et toute mon énergie dans cette saison, c'est en gardant les camarades de Sainte-Périne auprès de moi. Pas un seul jour ne s'est écoulé sans que je pense à eux. Aujourd'hui plus que jamais.

Je m'apprête à jouer mon dernier match. Je devrais me retourner sur ma carrière et regarder fièrement ce que j'ai accompli. Il n'en est rien. Je pense à Hélène, je l'imagine devant son bol de Banania. Des effluves de chocolat en poudre viennent tromper mon cerveau. Je pense à ce brancardier, dévoué au possible, qui transportait des patients covidés sans réelle protection. Je pense à ces infirmières que j'ai croisées. Qui m'ont impressionné par leur dévouement sans faille dans une période qu'aucun d'entre nous n'avait encore connue. Entendre les politiques chanter leurs louanges à dessein était une chose, le vivre au quotidien en était une autre. La pénibilité de ce travail fut une révélation, elle dépassait tout ce que j'aurais pu imaginer.

Je pense à Soued, la collègue la plus charmante qu'il m'ait été donné de rencontrer. Tout chez elle n'était que gentillesse et bienveillance. L'authentique bienveillance. Pas celle dont se drapent les gens sur les réseaux sociaux pour se donner bonne conscience.

Je pense même à tous ces musiciens et écrivains dont on a emprunté les noms pour les donner aux différents services de Sainte-Périne. Debussy est un immense compositeur, pour moi ce n'est qu'un service de gérontologie où les infirmières soignent les âmes sans jamais déposer les armes. Molière est un dramaturge pour l'éternité, il n'a plus, à mes yeux, que la couleur marronnasse de la rampe qui balisait et délimitait le service qui porte son nom.

J'avance dans le couloir, mes coéquipiers me suivent de près. La pénombre disparaît peu à peu au profit de la lumière qui jaillit soudain du tunnel. Le soleil baigne le stade. Je ne le sais pas encore mais toute ma famille est dans les tribunes. Je me retourne, l'arbitre me fait signe. Je ne bouge pas. Je laisse Joël pénétrer le premier sur la pelouse. Je le rejoins quelques secondes plus tard.

Je devrais être ému en repensant au chemin parcouru, il n'en est rien. Le match va bientôt débuter, et une seule chose me préoccupe : que me restera-t-il de mes chiffons bleus ?

Remerciement

L'auteur et l'éditeur remercient Rémy Fière
pour son aide précieuse et son soutien amical.

Table

RÉALISATION : NORD COMPO À VILLENEUVE-D'ASCQ
IMPRESSION : CPI FRANCE
DÉPÔT LÉGAL : MARS 2022. N° 147198 (167728)
Imprimé en France